심슨 독해

shimson reading

심우철 지음

Preface

책을 내면서...

저는 오랫동안 학원 강사로 학생들을 만났습니다. 시험이라는 전쟁을 치르고 있는 학생들의 책사로서 영어 과목에 대한 전략을 조언하는 것이 제가 하는 일이었습니다. 28년간 매년 치러오는 전쟁이지만 항상 잔혹하게 느껴집니다. 누군가는 승리의 환희를 맛보겠지만 또 다른 누군가는 반드시 패배하게 되어있는 것이 바로 수험이라는 전쟁의 현실입니다.

2012년에 공단기 입성을 준비하면서 스스로 약속했습니다. '수험생들의 인생을 좌우하는 공무원 시험이라는 전쟁터에서 학생들의 학습에, 더 나아가 학생들의 미래를 향한 도전에 있어 진정한 길잡이가 되겠노라'라고요.

『심슨 영어』는 『심우철 합격영어』를 바탕으로 최근 공무원 시험 출제 경향 및 난이도를 반영하며, 가장 핵심적인 뼈대를 먼저 학습한 후 차근차근 살을 붙여 나갈 수 있도록 업그레이드한 교재입니다.

또한 『심슨 영어』는 28년간 수험 영어 최전선에서 살아온 제 노력의 압축이며, 당시 스스로 한 약속에 대한 응답이기도 합니다. 부디 이 교재가 미래의 공무원을 꿈꾸는 수험생들이 영어 학습에서의 난항을 벗어나는 데 도움이 되었으면 합니다.

시험에 필요한 것들만 정갈하게 담을 수는 없을까?

공무원 영어 수험서는 이미 시중에 넘쳐납니다.
하지만 기존의 딱딱한 영어 이론에 대한 중구난방식 나열만 있을 뿐 학생들이 이것을 더 쉽게 이해할 수 있도록 새로운 형태의 학습법을 제시하는 교재는 찾을 수 없었습니다.

이 책에는 영어 학습에 있어 핵심이 되는 '구문', '문법', '독해'의 필수 개념을 철저하게 최근 공무원 시험 출제 기조에 맞춰 수록하였습니다.
단순히 열거만 한 것이 아니라 '구문'은 '패턴'으로, '문법'은 '포인트'로, '독해'는 '유형별 전략'으로 풀어내어 학생들의 이해를 한층 도왔습니다.

2025 출제 기조 변화 완벽 반영

2025년 새롭게 변화하는 시험은 단순 암기식 평가 비중을 축소하고, 민간 어학 시험의 출제 경향을 반영하여 크게 개편됩니다. 특히 독해의 경우 실용문 위주의 신유형 지문들이 새로 출제될 예정이며, 독해의 총 출제 문항수도 9~10문항에서 13문항으로 크게 늘어났습니다.

그에 따라 새로운 경향에 맞추어 신유형 지문에 대한 개념 설명과 연습 문제들을 포함하고, 기존의 독해 유형별 학습 포인트를 포함하여 포괄적인 연습을 할 수 있도록 한 권에 담았습니다.

『심슨 영어』 하나면 됩니다.

더 이상 어떤 교재로 공무원 영어를 공부해야 하는지 고민하며 시간을 버리지 마십시오.
『심슨 영어』에 공무원 영어의 모든 것이 담겨 있습니다.
공무원 영어는 이 책 하나면 완벽하게 끝납니다!

목차

이 책의 구성과 특징

1 공무원 독해에 100% 적용되는 독해 기술

『심슨 독해』는 각 유형에 맞는 명료하고 정확한 독해 전략을 제시합니다. 독해 문항을 푸는 요령뿐만 아니라 시간을 절약할 수 있는 구체적인 전략도 함께 익힐 수 있습니다. 『심슨 독해』는 오로지 시험장에서 적용 가능한 전략만을 고려한 독해 실전 매뉴얼 교재입니다.

2 2025년 출제 기조 전환 완벽 반영

인사혁신처에서 발표한 2025년 출제 기조 전환에 맞추어 새롭게 출제되는 지문들을 완벽하게 연구·분석하여 교재에 반영했습니다. 신유형에 대비하기 위한 전략뿐만 아니라 연습 문제들을 풍부하게 수록하여 신경향 독해에 대비할 수 있습니다.

3 최신 기출 문제를 통한 실전 연습

학습한 독해 전략을 다양한 난이도의 최신 공무원 기출 문제에 실제로 적용해 봄으로써 유형별 독해에 대한 적응력을 기를 수 있습니다.

4 학원 교재 이상의 자세한 해설 제공

기본적으로 『심슨 독해』는 온라인 강의 교재이지만, 시중 출판 교재 이상의 콘텐츠를 원하는 공무원 준비 수험생들의 요구에 맞춰 되도록 자세한 내용 설명과 정답에 대한 해설을 제공하기 위해 노력했습니다.

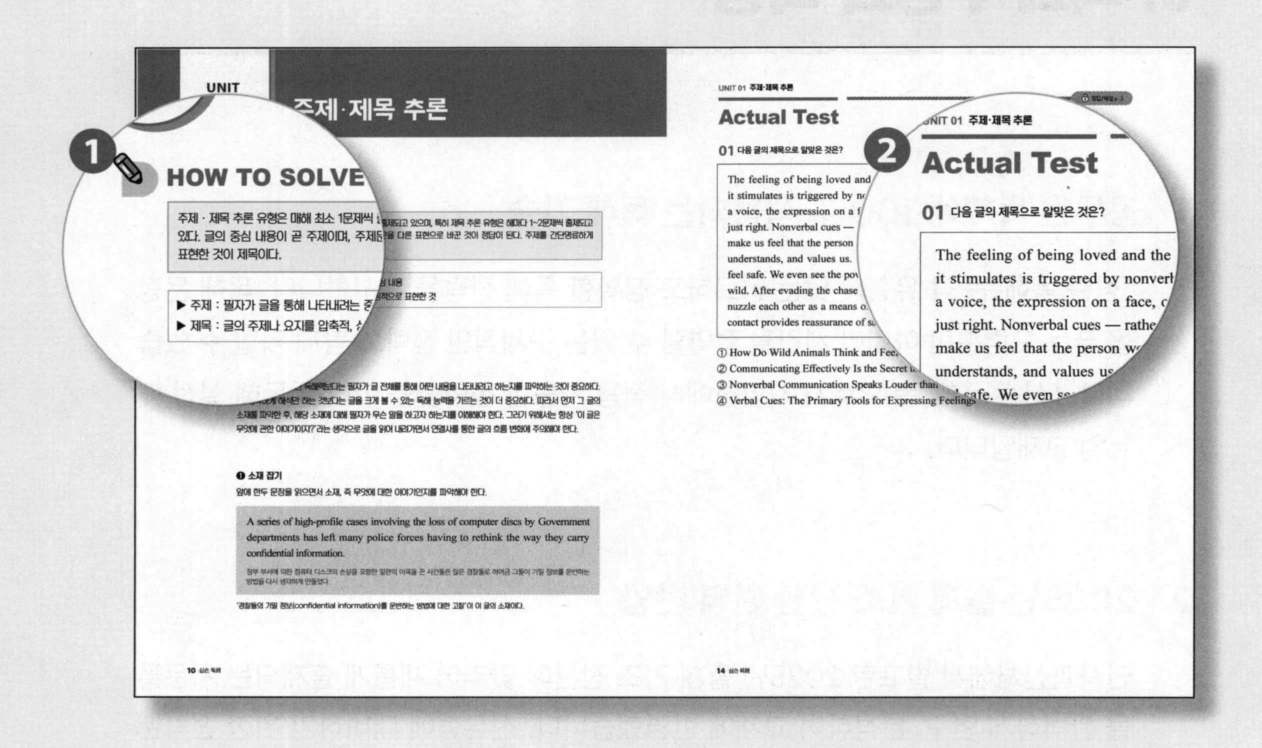

❶ 유형별 독해 전략

각 유형에 대한 출제 경향 분석과 자세한 설명을 통해 각각의 유형에 효과적으로 접근하는 방법을 학습합니다.

❷ Actual Test

실제 공무원 및 그 밖의 기출 문제를 반복하여 풀어 보면서 실전 적용력을 높입니다.

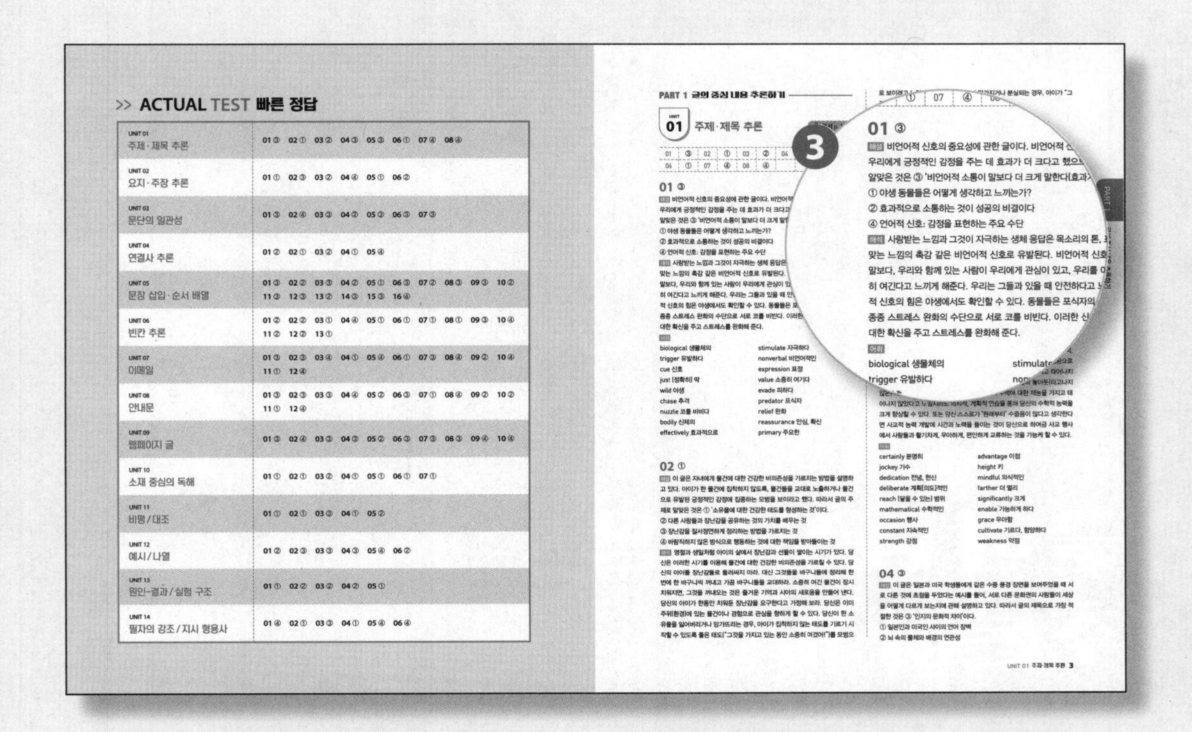

>> ACTUAL TEST 빠른 정답

UNIT 01 주제·제목 추론	01 ③ 02 ① 03 ② 04 ③ 05 ③ 06 ① 07 ④ 08 ④
UNIT 02 요지·주장 추론	01 ① 02 ③ 03 ② 04 ④ 05 ① 06 ②
UNIT 03 문단의 일관성	01 ③ 02 ④ 03 ③ 04 ② 05 ③ 06 ③ 07 ③
UNIT 04 연결사 추론	01 ② 02 ① 03 ② 04 ① 05 ④
UNIT 05 문장 삽입·순서 배열	01 ③ 02 ② 03 ③ 04 ② 05 ① 06 ③ 07 ② 08 ③ 09 ③ 10 ② 11 ③ 12 ③ 13 ② 14 ③ 15 ③ 16 ④
UNIT 06 빈칸 추론	01 ② 02 ② 03 ① 04 ④ 05 ① 06 ① 07 ① 08 ① 09 ③ 10 ④ 11 ② 12 ② 13 ①
UNIT 07 이메일	01 ③ 02 ③ 03 ④ 04 ① 05 ④ 06 ① 07 ③ 08 ④ 09 ② 10 ④ 11 ① 12 ④
UNIT 08 안내문	01 ③ 02 ③ 03 ③ 04 ④ 05 ② 06 ③ 07 ① 08 ④ 09 ② 10 ② 11 ① 12 ④
UNIT 09 웹페이지 글	01 ③ 02 ④ 03 ③ 04 ③ 05 ② 06 ③ 07 ③ 08 ③ 09 ④ 10 ④
UNIT 10 소재 중심의 독해	01 ① 02 ① 03 ② 04 ① 05 ① 06 ① 07 ①
UNIT 11 비평 / 대조	01 ① 02 ① 03 ③ 04 ① 05 ②
UNIT 12 예시 / 나열	01 ② 02 ③ 03 ③ 04 ③ 05 ④ 06 ②
UNIT 13 원인-결과 / 실험 구조	01 ① 02 ② 03 ② 04 ② 05 ①
UNIT 14 필자의 강조 / 지시 형용사	01 ④ 02 ① 03 ③ 04 ① 05 ④ 06 ④

❸ 정답 / 해설

실전 문제에 대한 자세한 해설과 해석을 제공하여 학습한 내용을 완벽하게 소화할 수 있도록 배려하였습니다.

PART

1

글의 중심 내용 추론하기

UNIT 01 주제·제목 추론
UNIT 02 요지·주장 추론
UNIT 03 문단의 일관성

심슨독해
shimson reading

UNIT 01

주제·제목 추론

HOW TO SOLVE

주제 · 제목 추론 유형은 매해 최소 1문제씩 출제되고 있으며, 특히 제목 추론 유형은 해마다 1~2문제씩 출제되고 있다. 글의 중심 내용이 곧 주제이며, 주제문을 다른 표현으로 바꾼 것이 정답이 된다. 주제를 간단명료하게 표현한 것이 제목이다.

▶ 주제 : 필자가 글을 통해 나타내려는 중심 내용
▶ 제목 : 글의 주제나 요지를 압축적, 상징적으로 표현한 것

1 주제 · 제목 추론

주제 · 제목은 세세한 독해력보다는 필자가 글 전체를 통해 어떤 내용을 나타내려고 하는지를 파악하는 것이 중요하다. 즉, 정확하게 해석만 하는 것보다는 글을 크게 볼 수 있는 독해 능력을 기르는 것이 더 중요하다. 따라서 먼저 그 글의 소재를 파악한 후, 해당 소재에 대해 필자가 무슨 말을 하고자 하는지를 이해해야 한다. 그러기 위해서는 항상 '이 글은 무엇에 관한 이야기이지?'라는 생각으로 글을 읽어 내려가면서 연결사를 통한 글의 흐름 변화에 주의해야 한다.

❶ 소재 잡기

앞에 한두 문장을 읽으면서 소재, 즉 무엇에 대한 이야기인지를 파악해야 한다.

A series of high-profile cases involving the loss of computer discs by Government departments has left many police forces having to rethink the way they carry confidential information.

정부 부서에 의한 컴퓨터 디스크의 손실을 포함한 일련의 이목을 끈 사건들은 많은 경찰들로 하여금 그들이 기밀 정보를 운반하는 방법을 다시 생각하게 만들었다.

'경찰들의 기밀 정보(confidential information)를 운반하는 방법에 대한 고찰'이 이 글의 소재이다.

❷ 마지막 2~3줄에서 답 찾기

보통 마지막 2~3줄 정도에 주제가 정리되어 있다. 그곳에서 답이 안 나오는 경우엔 나머지 부분의 독해를 적절히 해야 한다.

❸ 어느 정도 글이 잡히면 선지를 미리 보면서 '소재와 초점 / 필자의 견해'에 대해 파악하기
(단, 꼼꼼한 선지 해석이 가능해야 한다.)

① Technology developed by police forces (경찰력에 의해 발전된 기술)
② Technology designed for accessing information (정보에 접근하기 위해 만들어진 기술)
③ Technology used in the fight against crime (범죄에 대항하여 싸우는 데 이용된 기술)
④ Technology for protecting confidential information (기밀 정보를 보호하기 위한 기술)

오답을 피하는 법

1 선지 해석의 중요성

주제 · 제목의 경우 오히려 본문보다 선지 때문에 문제 풀이가 어려운 경우가 많다. 본문은 소재 중심으로 대략적인 전체 내용을 잡아내면 된다. 이에 비해 선지는 정확한 해석과 3가지 오답의 원리에 따라 정확하게 처리해야 한다.

※ 오답의 원리

① too narrow / too wide (소재 중심)
일단 소재를 중심으로 답이 아닌 것을 지워라. 대개 선지 중 1~2개는 답이 되지 않는다.

② contrary(⊕/⊖)로 나누기
바로 지워지지 않는 것은 전체 소재를 생각하면서 글 맥락에 대해 ⊕(긍정적인 것)와 ⊖(부정적인 것)로 나누어라.

③ 역추론
그래도 답이 안 나오는 경우, 반대로 해당 선지가 답이 되려면 본문에 어떤 내용이 나와야 할까를 역으로 생각하라.

2 소재 중심의 독해: 같은 소재, 다른 표현

소재에 대한 표현이 바뀌어도 그 바뀐 표현들을 알아차릴 수 있어야 한다. 그러기 위해서는 첫 문장을 통해 어느 정도 **소재를 미리 파악**해야 한다.

주제문을 암시하는 다양한 표현 (p.184 <UNIT 14 필자의 강조 / 지시 형용사> 참고)

❶ 필자의 생각 / 의견을 나타내는 어구

- I think[believe, find, guess, insist, mean, prefer, report, say, suppose] ⇒ S + V + that ~
- In my opinion[view, eyes] (내 생각에는, 내가 보기에는)
- As far as I'm concerned (나로서는)
- I'm convinced[sure, certain] that ~ (나는 ~라고 확신한다)

❷ 필자의 판단에 대한 근거를 나타내는 어구

S		V		
Research Study Survey Scientists	+	find believe discover say show	+	that ~

❸ 중요 / 필요 / 당위성을 나타내는 어구

- must, have to, need to, be required to + RV
- should, ought to, had better, would rather + RV
- It's important[necessary, essential, vital] that S + V ~
- the 비교급 ~, the 비교급
- It(가주어) + be + 형용사·명사 + to RV/that(진주어)
- It ~ that 강조 구문

❹ 역접 / 대조를 나타내는 어구

but, yet, however, nevertheless, in contrast, on the contrary, on the other hand, while, although, otherwise 등

❺ 원인 / 결과를 나타내는 어구

cause, lead to, result in, end in, bring about, give rise to, result from, be caused by 등

❻ 결론을 유도하는 어구

so, thus, therefore, accordingly, finally, consequently, as a result, after all, in short, in fact 등

정답/해설 p. 3

Actual Test

01 다음 글의 제목으로 알맞은 것은?

(2023, 국가직 9급)

The feeling of being loved and the biological response it stimulates is triggered by nonverbal cues: the tone in a voice, the expression on a face, or the touch that feels just right. Nonverbal cues — rather than spoken words — make us feel that the person we are with is interested in, understands, and values us. When we're with them, we feel safe. We even see the power of nonverbal cues in the wild. After evading the chase of predators, animals often nuzzle each other as a means of stress relief. This bodily contact provides reassurance of safety and relieves stress.

① How Do Wild Animals Think and Feel?
② Communicating Effectively Is the Secret to Success
③ Nonverbal Communication Speaks Louder than Words
④ Verbal Cues: The Primary Tools for Expressing Feelings

02 다음 글의 주제로 알맞은 것은?

(2023, 국가직 9급)

There are times, like holidays and birthdays, when toys and gifts accumulate in a child's life. You can use these times to teach a healthy nondependency on things. Don't surround your child with toys. Instead, arrange them in baskets, have one basket out at a time, and rotate baskets occasionally. If a cherished object is put away for a time, bringing it out creates a delightful remembering and freshness of outlook. Suppose your child asks for a toy that has been put away for a while. You can direct attention toward an object or experience that is already in the environment. If you lose or break a possession, try to model a good attitude ("I appreciated it while I had it!") so that your child can begin to develop an attitude of nonattachment. If a toy of hers is broken or lost, help her to say, "I had fun with that."

① building a healthy attitude toward possessions
② learning the value of sharing toys with others
③ teaching how to arrange toys in an orderly manner
④ accepting responsibility for behaving in undesirable ways

03 다음 글의 주제로 가장 적절한 것은? (2023, 지방직 9급)

Certainly some people are born with advantages (e.g., physical size for jockeys, height for basketball players, an "ear" for music for musicians). Yet only dedication to mindful, deliberate practice over many years can turn those advantages into talents and those talents into successes. Through the same kind of dedicated practice, people who are not born with such advantages can develop talents that nature put a little farther from their reach. For example, even though you may feel that you weren't born with a talent for math, you can significantly increase your mathematical abilities through mindful, deliberate practice. Or, if you consider yourself "naturally" shy, putting in the time and effort to develop your social skills can enable you to interact with people at social occasions with energy, grace, and ease.

① advantages some people have over others
② importance of constant efforts to cultivate talents
③ difficulties shy people have in social interactions
④ need to understand one's own strengths and weaknesses

04 다음 글의 제목으로 가장 적절한 것은? (2022, 국가직 9급)

Do people from different cultures view the world differently? A psychologist presented realistic animated scenes of fish and other underwater objects to Japanese and American students and asked them to report what they had seen. Americans and Japanese made about an equal number of references to the focal fish, but the Japanese made more than 60 percent more references to background elements, including the water, rocks, bubbles, and inert plants and animals. In addition, whereas Japanese and American participants made about equal numbers of references to movement involving active animals, the Japanese participants made almost twice as many references to relationships involving inert, background objects. Perhaps most tellingly, the very first sentence from the Japanese participants was likely to be one referring to the environment, whereas the first sentence from Americans was three times as likely to be one referring to the focal fish.

① Language Barrier Between Japanese and Americans
② Associations of Objects and Backgrounds in the Brain
③ Cultural Differences in Perception
④ Superiority of Detail-oriented People

05 다음 글의 제목으로 가장 적절한 것은?

(2021, 국가직 9급)

Warming temperatures and loss of oxygen in the sea will shrink hundreds of fish species — from tunas and groupers to salmon, thresher sharks, haddock and cod — even more than previously thought, a new study concludes. Because warmer seas speed up their metabolisms, fish, squid and other water-breathing creatures will need to draw more oxygen from the ocean. At the same time, warming seas are already reducing the availability of oxygen in many parts of the sea. A pair of University of British Columbia scientists argue that since the bodies of fish grow faster than their gills, these animals eventually will reach a point where they can't get enough oxygen to sustain normal growth. "What we found was that the body size of fish decreases by 20 to 30 percent for every 1 degree Celsius increase in water temperature," says author William Cheung.

① Fish Now Grow Faster than Ever
② Oxygen's Impact on Ocean Temperatures
③ Climate Change May Shrink the World's Fish
④ How Sea Creatures Survive with Low Metabolism

06 다음 글의 제목으로 적절한 것은? (2024, 국가직 9급)

Currency debasement of a good money by a bad money version occurred via coins of a high percentage of precious metal, reissued at lower percentages of gold or silver diluted with a lower value metal. This adulteration drove out the good coin for the bad coin. No one spent the good coin, they kept it, hence the good coin was driven out of circulation and into a hoard. Meanwhile the issuer, normally a king who had lost his treasure on interminable warfare and other such dissolute living, was behind the move. They collected all the good old coins they could, melted them down and reissued them at lower purity and pocketed the balance. It was often illegal to keep the old stuff back but people did, while the king replenished his treasury, at least for a time.

① How Bad Money Replaces Good
② Elements of Good Coins
③ Why Not Melt Coins?
④ What Is Bad Money?

07 다음 글의 제목으로 가장 적절한 것은? (2019, 국가직 9급)

Mapping technologies are being used in many new applications. Biological researchers are exploring the molecular structure of DNA("mapping the genome"), geophysicists are mapping the structure of the Earth's core, and oceanographers are mapping the ocean floor. Computer games have various imaginary "lands" or levels where rules, hazards, and rewards change. Computerization now challenges reality with "virtual reality", artificial environments that stimulate special situations, which may be useful in training and entertainment. Mapping techniques are being used also in the realm of ideas. For example, relationships between ideas can be shown using what are called concept maps. Starting from a general or "central" idea, related ideas can be connected, building a web around the main concept. This is not a map by any traditional definition, but the tools and techniques of cartography are employed to produce it, and in some ways it resembles a map.

① Computerized Maps vs. Traditional Maps
② Where Does Cartography Begin?
③ Finding Ways to DNA Secrets
④ Mapping New Frontiers

08 다음 글의 주제로 가장 적절한 것은? (2021, 국가직 9급)

During the late twentieth century socialism was on the retreat both in the West and in large areas of the developing world. During this new phase in the evolution of market capitalism, global trading patterns became increasingly interlinked, and advances in information technology meant that deregulated financial markets could shift massive flows of capital across national boundaries within seconds. 'Globalization' boosted trade, encouraged productivity gains and lowered prices, but critics alleged that it exploited the low-paid, was indifferent to environmental concerns and subjected the Third World to a monopolistic form of capitalism. Many radicals within Western societies who wished to protest against this process joined voluntary bodies, charities and other non-governmental organizations, rather than the marginalized political parties of the left. The environmental movement itself grew out of the recognition that the world was interconnected, and an angry, if diffuse, international coalition of interests emerged.

① The affirmative phenomena of globalization in the developing world in the past
② The decline of socialism and the emergence of capitalism in the twentieth century
③ The conflict between the global capital market and the political organizations of the left
④ The exploitative characteristics of global capitalism and diverse social reactions against it

UNIT
02
요지·주장 추론

HOW TO SOLVE

요지 · 주장 추론 유형은 대개 설명문보다는 논설문의 성격을 띤다. 따라서 글을 읽으면서 소재(Topic)나 필자가 제기하는 이슈를 잡고, 나아가 그에 대한 필자의 견해를 파악해야 한다. 이렇게 하면 정답률도 높이면서 문제를 빨리 풀 수 있는 능력까지 길러진다.

주제문이 앞쪽에 제시되는 두괄식 형태가 가장 많으며, 그다음으로 글 뒤쪽에 제시되는 미괄식 형태가 많다. 간혹 주제문이 글 중간에 오는 경우와 주제가 명확하게 드러나지 않는 글도 있는데, 이 경우에는 논리적인 추론을 통해 필자의 견해를 파악해야 한다.

유의할 점은 글의 전반부에서 잡은 소재를 생각하면서 글을 읽어 내려가야 한다는 점이다. 만약 글의 첫 부분과 마지막 부분만 읽게 된다면 오답을 고를 수도 있으므로 유의해야 한다.

1 처음 2~3줄에서 소재 찾기

요지 · 주장 추론 유형의 지문에서는 특히 글의 뒷부분이 중요하다. 하지만 글의 뒷부분만 읽어서는 정답을 확신하기 어렵다. 오히려 글의 앞부분을 통해 필자가 말하고자 하는 소재를 정확하게 파악해야 답이 빠르고 쉽게 나온다.

2 소재를 찾고 난 후에는 글의 마지막 2~3줄 정도를 읽어 필자의 견해 파악하기

마지막 2~3줄 정도에 필자의 견해가 있다. 특히 주장 문제의 경우, 마지막 문장이 답을 찾는 데 핵심인 경우가 대다수이므로 이를 꼭 명심해야 한다.

3 선지를 읽고 답을 찾기

선지가 문장으로 되어 있으므로 선지 문장의 주어와 동사에 유의하여 핵심을 정확하게 파악하면 생각보다 쉽게 답이 나온다. 처음 2~3줄을 통해 소재를 찾은 후 바로 선지를 읽고 답을 찾아도 문제를 풀 수 있는 경우도 있다.

4 답을 찾을 수 없는 경우 ⇒ 밑에서부터 또는 위에서부터 다시 읽기

답을 찾을 수 없었지만 거의 답에 근접했다는 판단이 들면, 마지막에 읽은 부분 바로 앞부터 다시 읽는 것도 좋은 전략이다.

정답/해설 p. 5

Actual Test

01 다음 글의 요지로 가장 적절한 것은?

Despite ongoing efforts to address educational disparities, the persistent achievement gap among students continues to highlight significant inequities in the education system. Recent data reveal that marginalized students, including those from low-income backgrounds and vulnerable groups, continue to lag behind their peers in academic performance. The gap poses a challenge to achieving educational equity and social mobility. Experts emphasize the need for targeted interventions, equitable resource allocation, and inclusive policies to bridge this gap and ensure equal opportunities for all students, irrespective of their socioeconomic status or background. The issue of continued educational divide should be addressed at all levels of education system in an effort to find a solution.

① We should deal with persistent educational inequities.
② Educational experts need to focus on new school policies.
③ New teaching methods are necessary to bridge the achievement gap.
④ Family income should not be considered in the discussion of education.

02 다음 글의 요지로 가장 적절한 것은?

How on earth will it help the poor if governments try to strangle globalization by stemming the flow of trade, information, and capital — the three components of the global economy? That disparities between rich and poor are still too great is undeniable. But it is just not true that economic growth benefits only the rich and leaves out the poor, as the opponents of globalization and the market economy would have us believe. A recent World Bank study entitled "Growth Is Good for the Poor" reveals a one-for-one relationship between income of the bottom fifth of the population and per capita GDP. In other words, incomes of all sectors grow proportionately at the same rate. The study notes that openness to foreign trade benefits the poor to the same extent that it benefits the whole economy.

① Globalization deepens conflicts between rich and poor.
② The global economy grows at the expense of the poor.
③ Globalization can be beneficial regardless of one's economic status.
④ Governments must control the flow of trade to revive the economy.

03 다음 글의 요지로 알맞은 것은? (2023, 국가직 9급)

Many parents have been misguided by the "self-esteem movement," which has told them that the way to build their children's self-esteem is to tell them how good they are at things. Unfortunately, trying to convince your children of their competence will likely fail because life has a way of telling them unequivocally how capable or incapable they really are through success and failure. Research has shown that how you praise your children has a powerful influence on their development. Some researchers found that children who were praised for their intelligence, as compared to their effort, became overly focused on results. Following a failure, these same children persisted less, showed less enjoyment, attributed their failure to a lack of ability, and performed poorly in future achievement efforts. Praising children for intelligence made them fear difficulty because they began to equate failure with stupidity.

① Frequent praises increase self-esteem of children.
② Compliments on intelligence bring about negative effect.
③ A child should overcome fear of failure through success.
④ Parents should focus on the outcome rather than the process.

04 다음 글의 요지로 가장 적절한 것은? (2023, 지방직 9급)

Dr. Roossinck and her colleagues found by chance that a virus increased resistance to drought on a plant that is widely used in botanical experiments. Their further experiments with a related virus showed that was true of 15 other plant species, too. Dr. Roossinck is now doing experiments to study another type of virus that increases heat tolerance in a range of plants. She hopes to extend her research to have a deeper understanding of the advantages that different sorts of viruses give to their hosts. That would help to support a view which is held by an increasing number of biologists, that many creatures rely on symbiosis, rather than being self-sufficient.

① Viruses demonstrate self-sufficiency of biological beings.
② Biologists should do everything to keep plants virus-free.
③ The principle of symbiosis cannot be applied to infected plants.
④ Viruses sometimes do their hosts good, rather than harming them.

05 다음 글의 요지로 가장 적절한 것은? (2021, 지방직 9급)

"In Judaism, we're largely defined by our actions," says Lisa Grushcow, the senior rabbi at Temple Emanu-El-Beth Sholom in Montreal. "You can't really be an armchair do-gooder." This concept relates to the Jewish notion of tikkun olam, which translates as "to repair the world." Our job as human beings, she says, "is to mend what's been broken. It's incumbent on us to not only take care of ourselves and each other but also to build a better world around us." This philosophy conceptualizes goodness as something based in service. Instead of asking "Am I a good person?" you may want to ask "What good do I do in the world?" Grushcow's temple puts these beliefs into action inside and outside their community. For instance, they sponsored two refugee families from Vietnam to come to Canada in the 1970s.

① We should work to heal the world.
② Community should function as a shelter.
③ We should conceptualize goodness as beliefs.
④ Temples should contribute to the community.

06 다음 글의 요지로 가장 적절한 것은? (2020, 국가직 9급)

Listening to somebody else's ideas is the one way to know whether the story you believe about the world — as well as about yourself and your place in it — remains intact. We all need to examine our beliefs, air them out and let them breathe. Hearing what other people have to say, especially about concepts we regard as foundational, is like opening a window in our minds and in our hearts. Speaking up is important. Yet to speak up without listening is like banging pots and pans together: even if it gets you attention, it's not going to get you respect. There are three prerequisites for conversation to be meaningful: 1. You have to know what you're talking about, meaning that you have an original point and are not echoing a worn-out, hand-me-down or pre-fab argument; 2. You respect the people with whom you're speaking and are authentically willing to treat them courteously even if you disagree with their positions; 3. You have to be both smart and informed enough to listen to what the opposition says while handling your own perspective on the topic with uninterrupted good humor and discernment.

① We should be more determined to persuade others.
② We need to listen and speak up in order to communicate well.
③ We are reluctant to change our beliefs about the world we see.
④ We hear only what we choose and attempt to ignore different opinions.

UNIT
03 문단의 일관성

HOW TO SOLVE

문단의 일관성 문제는 최근 몇 년간 매번 1문제씩 출제되고 있다. 이 유형에는 글의 전체 흐름과 무관한 문장을 고르는 유형이 있고 큰 흐름에서 벗어나진 않지만 연결사의 쓰임이 잘못되어 있는 유형이 있다.

* 전체 흐름 + 연결사
문제 자체가 글에서 '전체 흐름'과 관계없는 문장을 고르라는 것이다. 바꿔서 말하면, 이 단락을 관통하는 전체 흐름이 존재한다는 것이고, 그 전체 흐름과 관계가 없는 문장 하나를 반드시 제시한다는 것이다. 따라서 글의 전체 흐름을 파악하는 것이 가장 중요하다.

1 처음 한두 문장에서 전체 흐름을 잡아라!

문단의 일관성 문제의 95% 이상은 처음 한두 문장에서 전체 흐름을 제시해 준다. 전체 흐름은 '소재 + 초점'까지를 함께 잡아야 한다.

2 전체적인 흐름(특히 초점과 ⊕/⊖)을 생각하며 본문을 읽어라!

나머지 문장을 읽으면서도 항상 '이 글의 전체 흐름은 무엇일까?'라는 생각을 하면서 글을 읽어야 한다. 흐름상 이상한 내용이라고 생각하더라도 바로 답으로 고르지 말고, 반드시 다 읽은 후 전체 흐름 속에서 답을 찾아야 한다. 예를 들어 ③이 이상하다고 바로 답을 체크하는 것이 아니라, 나머지 ④까지 모두 읽고 글 전체 흐름이 무엇인지를 생각하면서 답을 찾는다.

연결사의 쓰임새를 체크하라!

문단에 연결사가 나오면 그 쓰임새가 제대로 되었는지 확인해야 한다.

오답을 피하는 법

연결사가 나온 경우, 특히 그다음 문장을 조심한다.

고난도 문제에서는 연결사로 흐름을 한번 바꿔준 다음, 그다음 문장에 전체 흐름과 관계없는 문장을 집어넣는 경우가 있다. 이런 경우에는 상당히 어려운 문제지만, 전체 흐름과 관련해서 글을 읽는다면 쉽게 함정에 빠지지 않을 것이다.

정답/해설 p. 7

Actual Test

01 다음 글의 흐름상 어색한 문장은?

(2023, 국가직 9급)

In our monthly surveys of 5,000 American workers and 500 U.S. employers, a huge shift to hybrid work is abundantly clear for office and knowledge workers. ① An emerging norm is three days a week in the office and two at home, cutting days on site by 30% or more. You might think this cutback would bring a huge drop in the demand for office space. ② But our survey data suggests cuts in office space of 1% to 2% on average, implying big reductions in density not space. We can understand why. High density at the office is uncomfortable and many workers dislike crowds around their desks. ③ Most employees want to work from home on Mondays and Fridays. Discomfort with density extends to lobbies, kitchens, and especially elevators. ④ The only sure-fire way to reduce density is to cut days on site without cutting square footage as much. Discomfort with density is here to stay according to our survey evidence.

02 다음 글의 흐름상 어색한 문장은?

(2023, 지방직 9급)

I once took a course in short-story writing and during that course a renowned editor of a leading magazine talked to our class. ① He said he could pick up any one of the dozens of stories that came to his desk every day and after reading a few paragraphs he could feel whether or not the author liked people. ② "If the author doesn't like people," he said, "people won't like his or her stories." ③ The editor kept stressing the importance of being interested in people during his talk on fiction writing. ④ Thurston, a great magician, said that every time he went on stage he said to himself, "I am grateful because I'm successful." At the end of the talk, he concluded, "Let me tell you again. You have to be interested in people if you want to be a successful writer of stories."

03 다음 글의 흐름상 가장 어색한 문장은? (2022, 국가직 9급)

Markets in water rights are likely to evolve as a rising population leads to shortages and climate change causes drought and famine. ① But they will be based on regional and ethical trading practices and will differ from the bulk of commodity trade. ② Detractors argue trading water is unethical or even a breach of human rights, but already water rights are bought and sold in arid areas of the globe from Oman to Australia. ③ Drinking distilled water can be beneficial, but may not be the best choice for everyone, especially if the minerals are not supplemented by another source. ④ "We strongly believe that water is in fact turning into the new gold for this decade and beyond," said Ziad Abdelnour. "No wonder smart money is aggressively moving in this direction."

04 다음 글의 흐름상 적절하지 않은 문장은?

(2021, 지방직 9급)

There was no divide between science, philosophy, and magic in the 15th century. All three came under the general heading of 'natural philosophy'. ① Central to the development of natural philosophy was the recovery of classical authors, most importantly the work of Aristotle. ② Humanists quickly realized the power of the printing press for spreading their knowledge. ③ At the beginning of the 15th century Aristotle remained the basis for all scholastic speculation on philosophy and science. ④ Kept alive in the Arabic translations and commentaries of Averroes and Avicenna, Aristotle provided a systematic perspective on mankind's relationship with the natural world. Surviving texts like his *Physics*, *Metaphysics*, and *Meteorology* provided scholars with the logical tools to understand the forces that created the natural world.

05 다음 글의 흐름상 어색한 문장은?

Every parent or guardian of small children will have experienced the desperate urge to get out of the house and the magical restorative effect of even a short trip to the local park. ① There is probably more going on here than just letting off steam. ② The benefits for kids of getting into nature are huge, ranging from better academic performance to improved mood and focus. ③ Outdoor activities make it difficult for them to spend quality time with their family. ④ Childhood experiences of nature can also boost environmentalism in adulthood. Having access to urban green spaces can play a role in children's social networks and friendships.

06 글의 흐름상 가장 어색한 문장은? (2022, 지방직 9급)

The skill to have a good argument is critical in life. But it's one that few parents teach to their children. ① We want to give kids a stable home, so we stop siblings from quarreling and we have our own arguments behind closed doors. ② Yet if kids never get exposed to disagreement, we may eventually limit their creativity. ③ Children are most creative when they are free to brainstorm with lots of praise and encouragement in a peaceful environment. ④ It turns out that highly creative people often grow up in families full of tension. They are not surrounded by fistfights or personal insults, but real disagreements. When adults in their early 30s were asked to write imaginative stories, the most creative ones came from those whose parents had the most conflict a quarter-century earlier.

07 다음 글의 흐름상 어색한 문장은? (2024, 지방직 9급)

Critical thinking sounds like an unemotional process but it can engage emotions and even passionate responses. In particular, we may not like evidence that contradicts our own opinions or beliefs. ① If the evidence points in a direction that is challenging, that can rouse unexpected feelings of anger, frustration or anxiety. ② The academic world traditionally likes to consider itself as logical and free of emotions, so if feelings do emerge, this can be especially difficult. ③ For example, looking at the same information from several points of view is not important. ④ Being able to manage your emotions under such circumstances is a useful skill. If you can remain calm, and present your reasons logically, you will be better able to argue your point of view in a convincing way.

MEMO

PART

2

글의 논리 전개 추론하기

심손독해
shimson reading

UNIT
04

연결사 추론

HOW TO SOLVE

연결사 추론 문제는 문장과 문장 간의 연결 고리에 대해 묻는 유형이므로 연결되는 두 문장을 정확하게 해석할 수 있는 능력과 두 문장 간의 논리성을 파악하는 사고력을 모두 갖추고 있어야 한다. 수험생 스스로가 해석 능력이 좋지 않거나 논리성이 약하다고 생각한다면 어려울 수 있는 유형이지만 풀이 전략을 익히고 연습을 한다면 생각보다 쉽게 풀이할 수 있다.

※ 접속부사 : 접속사 역할을 하는 부사

※ 접속부사를 묻는 문제가 나오면 그 접속부사가 포함된 문장과 그 앞 문장 간의 관계를 묻는 것이다. 즉, 문장과 문장 간의 관계를 나타내는 것으로 이때 접속부사는 문장의 중간이나 끝에 나올 수도 있다는 점에 유의해야 한다.

심슨쌤 꿀팁!

주의해야 할 접속부사 (p.192 <FURTHER STUDY 구조별 주요 연결사> 참고)

비평 · 대조	however, nevertheless, nonetheless, and yet, still, even so, in contrast, by contrast, on the contrary, on the other hand
예시	for example, for instance
유사	that is, that is to say, namely, as it were, so to speak, in other words
열거	also, moreover, furthermore, besides, in addition, what is more, at the same time, similarly, likewise
결과	thus, hence, therefore, accordingly, thereby, for these reasons, finally, consequently, as a result, in short, in brief, in a word

비평 · 대조와 예시의 연결사를 먼저 생각하자!

무조건 답을 찾기보다는 비교적 쉬운 유형의 선지부터 대입해 본다. 연결사 중에서 비평 · 대조와 예시가 특히 쉬우므로 선지에 비평 · 대조나 예시가 나오면 해당 선지가 답으로 적절한지 먼저 파악한다.
비평 · 대조 → 예시 → 유사 → 열거 → 원인 · 결과 순서로 확인하도록 한다.

2 역추론 후 뒤 문장을 읽도록 하자!

빈칸 앞 문장을 읽은 후 바로 뒤 문장을 읽지 말고, 비평 · 대조의 연결사가 답이라면 뒤에 어떤 내용이 나올지, 예시의 연결사가 답이라면 뒤에 어떤 내용이 나올지 역추론을 한 후 뒤 문장을 읽으면 답을 훨씬 쉽게 찾을 수 있다.

When the students watched the film with an authority figure present, their faces showed only the slightest hints of reaction. ___________, when they thought they were alone (though they were being taped by a secret camera) their faces twisted into vivid mixes of uncomfortable feelings.

학생들이 권위 있는 인물과 함께 영화를 봤을 때, 그들의 얼굴은 단지 최소한의 반응의 기색만을 보였다. ___________, (비록 그들은 비밀 카메라로 촬영되는 중이었지만) 그들이 혼자 있다고 생각했을 때에는 그들의 얼굴은 불편한 감정이 생생하게 뒤범벅이 되어 뒤틀려 있었다.

빈칸 앞에 나온 내용은 with an authority figure present, (권위 있는 인물과 함께 참석한 상태)
their faces showed only the slightest hints of reaction.
(그들의 얼굴은 단지 최소한의 반응의 기색만을 보였다.)

반대로 빈칸 뒤에 나온 내용은 they were alone (혼자 있는 상태)
their faces twisted into vivid mixes of uncomfortable feelings.
(그들의 얼굴은 불편한 감정이 생생하게 뒤범벅이 되어 뒤틀려 있었다.)

즉, 빈칸의 앞과 뒤는 서로 반대되는 상황이므로, 대조를 나타내는 연결사 However가 들어가야 한다.

오답을 피하는 법

1 접속부사가 문장 중간에 나오는 경우 조심해야 한다.

접속부사는 문장 앞부분뿐만 아니라, 문장 중간 또는 끝에도 위치할 수 있다. 접속부사가 문장 중간에 나오는 경우, 빈칸 앞과 빈칸 뒤가 아니라 빈칸 앞 문장과 빈칸이 있는 문장 간의 관계를 살펴야 하고, 전치사 및 접속사는 한 문장 안에서의 관계를 살펴야 한다.

2 비평 · 대조의 경우 전체 문맥 속에서 ⊕/⊖를 나누어야 한다.

비평 · 대조의 경우 반드시 전체 문맥 속에서 ⊕/⊖를 나누어야 한다.

3 문장이 긴 경우, 핵심 내용을 압축하도록 한다.

접속부사의 경우, 앞 문장과 뒤 문장이 긴 경우가 많다. 이 경우 해석도 중요하지만, 해석 후 핵심을 압축하여 두 문장 간의 관계를 파악해야 한다.

정답/해설 p. 9

Actual Test

01 밑줄 친 (A), (B)에 들어갈 말로 가장 적절한 것은? (2020, 국가직 9급)

Advocates of homeschooling believe that children learn better when they are in a secure, loving environment. Many psychologists see the home as the most natural learning environment, and originally the home was the classroom, long before schools were established. Parents who homeschool argue that they can monitor their children's education and give them the attention that is lacking in a traditional school setting. Students can also pick and choose what to study and when to study, thus enabling them to learn at their own pace. ___(A)___, critics of homeschooling say that children who are not in the classroom miss out on learning important social skills because they have little interaction with their peers. Several studies, though, have shown that the home-educated children appear to do just as well in terms of social and emotional development as other students, having spent more time in the comfort and security of their home, with guidance from parents who care about their welfare. ___(B)___, many critics of homeschooling have raised concerns about the ability of parents to teach their kids effectively.

	(A)	(B)
①	Therefore	Nevertheless
②	In contrast	In spite of this
③	Therefore	Contrary to that
④	In contrast	Furthermore

02 밑줄 친 (A), (B)에 들어갈 말로 가장 적절한 것은? (2020, 지방직 9급)

Assertive behavior involves standing up for your rights and expressing your thoughts and feelings in a direct, appropriate way that does not violate the rights of others. It is a matter of getting the other person to understand your viewpoint. People who exhibit assertive behavior skills are able to handle conflict situations with ease and assurance while maintaining good interpersonal relations. ___(A)___, aggressive behavior involves expressing your thoughts and feelings and defending your rights in a way that openly violates the rights of others. Those exhibiting aggressive behavior seem to believe that the rights of others must be subservient to theirs. ___(B)___, they have a difficult time maintaining good interpersonal relations. They are likely to interrupt, talk fast, ignore others, and use sarcasm or other forms of verbal abuse to maintain control.

	(A)	(B)
①	In contrast	Thus
②	Similarly	Moreover
③	However	On one hand
④	Accordingly	On the other hand

03 밑줄 친 (A), (B)에 들어갈 말로 가장 적절한 것은? (2022, 국가직 9급)

Beliefs about maintaining ties with those who have died vary from culture to culture. For example, maintaining ties with the deceased is accepted and sustained in the religious rituals of Japan. Yet among the Hopi Indians of Arizona, the deceased are forgotten as quickly as possible and life goes on as usual. ___(A)___, the Hopi funeral ritual concludes with a break-off between mortals and spirits. The diversity of grieving is nowhere clearer than in two Muslim societies — one in Egypt, the other in Bali. Among Muslims in Egypt, the bereaved are encouraged to dwell at length on their grief, surrounded by others who relate to similarly tragic accounts and express their sorrow. ___(B)___, in Bali, bereaved Muslims are encouraged to laugh and be joyful rather than be sad.

	(A)	(B)
①	However	Similarly
②	In fact	By contrast
③	Therefore	For example
④	Likewise	Consequently

04 (A)와 (B)에 들어갈 말로 가장 적절한 것은? (2022, 지방직 9급)

Duration shares an inverse relationship with frequency. If you see a friend frequently, then the duration of the encounter will be shorter. Conversely, if you don't see your friend very often, the duration of your visit will typically increase significantly. ___(A)___, if you see a friend every day, the duration of your visits can be low because you can keep up with what's going on as events unfold. If, however, you only see your friend twice a year, the duration of your visits will be greater. Think back to a time when you had dinner in a restaurant with a friend you hadn't seen for a long period of time. You probably spent several hours catching up on each other's lives. The duration of the same dinner would be considerably shorter if you saw the person on a regular basis. ___(B)___, in romantic relationships the frequency and duration are very high because couples, especially newly minted ones, want to spend as much time with each other as possible. The intensity of the relationship will also be very high.

	(A)	(B)
①	For example	Conversely
②	Nonetheless	Furthermore
③	Therefore	As a result
④	In the same way	Thus

PART 2 글의 논리 전개 추론하기

05 **밑줄 친 (A), (B)에 들어갈 말로 가장 적절한 것은?** (2019, 지방직 9급)

Today the technology to create the visual component of virtual-reality (VR) experiences is well on its way to becoming widely accessible and affordable. But to work powerfully, virtual reality needs to be about more than visuals. ___(A)___ what you are hearing convincingly matches the visuals, the virtual experience breaks apart. Take a basketball game. If the players, the coaches, the announcers, and the crowd all sound like they're sitting midcourt, you may as well watch the game on television — you'll get just as much of a sense that you are "there." ___(B)___, today's audio equipment and our widely used recording and reproduction formats are simply inadequate to the task of re-creating convincingly the sound of a battlefield on a distant planet, a basketball game at courtside, or a symphony as heard from the first row of a great concert hall.

	(A)	(B)
①	If	By contrast
②	Unless	Consequently
③	If	Similarly
④	Unless	Unfortunately

MEMO

UNIT

05 문장 삽입·순서 배열

HOW TO SOLVE

문장 삽입 및 순서 배열은 각각 1문제씩 총 2문제가 반드시 출제되고 있지만, 학생들이 많이 틀리는 유형이다. 이 유형은 독해력보다는 사고력을 요구하는데, 독해에만 의존해서 문제를 풀려고 하다 보니 그리 어려운 유형이 아님에도 불구하고 정답률이 낮다. '논리'에 초점을 맞춘다면 생각보다 쉽게 맞힐 수 있는 유형이다.

1 먼저 Signal을 찾아라.

문장 삽입의 경우, 제시된 Box에 나오는 Signal뿐만 아니라, 본문에 나오는 Signal도 찾아야 한다.
순서 배열의 경우, (A), (B), (C)에 나오는 Signal을 먼저 찾고, 그 Signal의 논리에 맞게 문장을 배열해야 한다.

❶ 강력한 Signal

대조의 Signal	앞 내용과 뒤 내용이 서로 반대(+/-)되며, 소재가 바뀌기도 한다. A + **on the other hand, by(in) contrast, on the contrary / but, yet, however** + B ex Hiking is adventurous. On the other hand, walking in the park is relaxing. (하이킹은 모험적이다. 반면에, 공원에서 걷기는 편안하다.)
반대의 Signal	앞 내용과 뒤 내용이 서로 반대(+/-)되며, 대개 소재는 같다. A + **nevertheless, nonetheless, still, and yet, even so / but, yet, however** + B ex The project was challenging. Nevertheless, they completed it on time. (그 프로젝트는 힘들었다. 그렇지만, 그들은 그것을 제때 완수했다.)
예시의 Signal	앞에 큰(추상적) 개념이 나오고, 뒤에는 작은(구체적) 개념이 나온다. A + **for example, for instance** + B ex I appreciate different cultures. For example, I love learning new languages and traveling. (나는 다양한 문화를 음미한다. 예를 들어, 나는 새로운 언어를 배우고 여행하는 것을 좋아한다.)
지시어 + 명사	앞에 해당 명사가 직접 또는 간접적으로 나온다. **this, these, that, those, such, another + 명사** ex The AI technology is changing rapidly. This evolution is fascinating. (AI 기술은 빠르게 변화하고 있다. 이 발전은 매우 흥미롭다.)

❷ 준 Signal

비교의 Signal	앞과 뒤 내용의 소재(주제)가 다르지만, 서로 같은 내용을 말한다. A + **likewise, similarly, in the same way** + B ex Chefs require precision in their recipes. Likewise, scientists must be accurate in their experiments. (요리사들에게는 요리법에 정확성이 필요하다. 마찬가지로, 과학자들은 실험을 할 때 정확해야 한다.)
나열의 Signal	앞과 뒤 내용의 소재(주제)는 같지만, 서로 다른 내용을 말한다. A + **also, in addition, besides, furthermore, moreover, what is more** + B ex Sports are fun to play. Also, they are exciting to watch on TV. (스포츠를 경기하는 것은 재밌다. 또한, 그것들을 TV로 시청하는 것도 흥미진진하다.)
원인·결과의 Signal	앞에 원인이 나오고 뒤에 결과가 나온다. A+ **therefore, thus, so, hence, as a result** + B ex The shipment was delayed. Hence, the delivery will take longer. (배송이 지연되었다. 그래서, 배달이 더 오래 걸릴 것이다.)

❸ 이외의 Signal

의문문 + 그 대답	앞에 질문이 나오고 뒤에 답이 제시되는 구조이다. ex Why is the website slow? The reason is the server issues. (그 웹사이트는 왜 느릴까? 그 이유는 서버 문제에 있다.)
the + 명사	반드시는 아니지만, 앞에 해당 명사가 나왔을 수도 있다. 특히 'a + 명사'와 'the + 명사'가 나왔다면 'a + 명사'가 순서상 앞에 있다. ex He attended a conference yesterday. The conference was informative. (그는 어제 회의에 참석했다. 그 회의는 유익했다.)

2 강력한 Signal이 없는 경우, 의미 파악이 중요해진다.

강력한 Signal이 없는 경우, 소재가 어떻게 변하는지에 초점을 맞춰서 의미를 파악하라.
특히, 이 경우 글의 구조가 ① 문제점과 해결책 ② process ③ 실험 구조일 가능성이 크다.

3 문장 삽입 vs 순서 배열

❶ 문장 삽입의 경우, 제시된 Box를 중심으로 앞과 뒤에 어떤 내용이 나올지를 유추해보는 것이 특히 중요하다.
❷ 순서 배열의 경우, 제시된 Box 다음으로 (A), (B), (C) 중 무엇을 먼저 읽을지가 중요하다. 이때는 ① 선지 ② Signal ③ (A), (B), (C) 본문의 길이를 고려해서 결정하는 것이 좋다.

4 순서배열의 (A), (B), (C) 본문이 긴 경우, 핵심 내용을 압축하라.

(A), (B), (C) 본문이 긴 경우, 해석을 한 후에 각각의 핵심 내용을 압축하는 것이 특히 중요하다. 또한 (A), (B), (C)가 각각 여러 문장으로 구성된 경우, (A), (B), (C)의 첫 문장과 마지막 문장이 서로 어떻게 연결되는지에 집중하면 쉽게 답이 나오기도 한다.

정답/해설 p. 11

Actual Test

01 주어진 글 다음에 이어질 글의 순서로 가장 적절한 것은? (2021, 국가직 9급)

To be sure, human language stands out from the decidedly restricted vocalizations of monkeys and apes. Moreover, it exhibits a degree of sophistication that far exceeds any other form of animal communication.

(A) That said, many species, while falling far short of human language, do nevertheless exhibit impressively complex communication systems in natural settings.

(B) And they can be taught far more complex systems in artificial contexts, as when raised alongside humans.

(C) Even our closest primate cousins seem incapable of acquiring anything more than a rudimentary communicative system, even after intensive training over several years. The complexity that is language is surely a species-specific trait.

① (A) – (B) – (C)　② (B) – (C) – (A)

③ (C) – (A) – (B)　④ (C) – (B) – (A)

02 주어진 글 다음에 이어질 글의 순서로 가장 적절한 것은? (2023, 지방직 9급)

Just a few years ago, every conversation about artificial intelligence (AI) seemed to end with an apocalyptic prediction.

(A) More recently, however, things have begun to change. AI has gone from being a scary black box to something people can use for a variety of use cases.
(B) In 2014, an expert in the field said that, with AI, we are summoning the demon, while a Nobel Prize winning physicist said that AI could spell the end of the human race.
(C) This shift is because these technologies are finally being explored at scale in the industry, particularly for market opportunities.

① (A) − (B) − (C)　　② (B) − (A) − (C)
③ (B) − (C) − (A)　　④ (C) − (A) − (B)

03 주어진 문장이 들어갈 위치로 가장 적절한 곳은? (2022, 지방직 9급)

> The comparison of the heart to a pump, however, is a genuine analogy.

An analogy is a figure of speech in which two things are asserted to be alike in many respects that are quite fundamental. Their structure, the relationships of their parts, or the essential purposes they serve are similar, although the two things are also greatly dissimilar. Roses and carnations are not analogous. (①) They both have stems and leaves and may both be red in color. (②) But they exhibit these qualities in the same way; they are of the same genus. (③) These are disparate things, but they share important qualities: mechanical apparatus, possession of valves, ability to increase and decrease pressures, and capacity to move fluids. (④) And the heart and the pump exhibit these qualities in different ways and in different contexts.

04 주어진 문장이 들어갈 위치로 가장 적절한 것은? (2023, 지방직 9급)

> Yet, requests for such self-assessments are pervasive throughout one's career.

The fiscal quarter just ended. Your boss comes by to ask you how well you performed in terms of sales this quarter. How do you describe your performance? As excellent? Good? Terrible? (①) Unlike when someone asks you about an objective performance metric (e.g., how many dollars in sales you brought in this quarter), how to subjectively describe your performance is often unclear. There is no right answer. (②) You are asked to subjectively describe your own performance in school applications, in job applications, in interviews, in performance reviews, in meetings – the list goes on. (③) How you describe your performance is what we call your level of self-promotion. (④) Since self-promotion is a pervasive part of work, people who do more self-promotion may have better chances of being hired, being promoted, and getting a raise or a bonus.

05 주어진 글 다음에 이어질 글의 순서로 가장 적절한 것은? (2021, 지방직 9급)

Growing concern about global climate change has motivated activists to organize not only campaigns against fossil fuel extraction consumption, but also campaigns to support renewable energy.

(A) This solar cooperative produces enough energy to power 1,400 homes, making it the first large-scale solar farm cooperative in the country and, in the words of its members, a visible reminder that solar power represents "a new era of sustainable and 'democratic' energy supply that enables ordinary people to produce clean power, not only on their rooftops, but also at utility scale."

(B) Similarly, renewable energy enthusiasts from the United States have founded the Clean Energy Collective, a company that has pioneered "the model of delivering clean power-generation through medium-scale facilities that are collectively owned by participating utility customers."

(C) Environmental activists frustrated with the UK government's inability to rapidly accelerate the growth of renewable energy industries have formed the Westmill Wind Farm Co-operative, a community-owned organization with more than 2,000 members who own an onshore wind farm estimated to produce as much electricity in a year as that used by 2,500 homes. The Westmill Wind Farm Co-operative has inspired local citizens to form the Westmill Solar Co-operative.

① (C)－(A)－(B)　② (A)－(C)－(B)
③ (B)－(C)－(A)　④ (C)－(B)－(A)

06 주어진 글 다음에 이어질 글의 순서로 알맞은 것은? (2023, 국가직 9급)

All civilizations rely on government administration. Perhaps no civilization better exemplifies this than ancient Rome.

(A) To rule an area that large, the Romans, based in what is now central Italy, needed an effective system of government administration.
(B) Actually, the word "civilization" itself comes from the Latin word *civis*, meaning "citizen."
(C) Latin was the language of ancient Rome, whose territory stretched from the Mediterranean basin all the way to parts of Great Britain in the north and the Black Sea to the east.

① (A)－(B)－(C)　② (B)－(A)－(C)
③ (B)－(C)－(A)　④ (C)－(A)－(B)

07 주어진 글 다음에 이어질 글의 순서로 적절한 것은? (2024, 국가직 9급)

Interest in movie and sports stars goes beyond their performances on the screen and in the arena.

(A) The doings of skilled baseball, football, and basketball players out of uniform similarly attract public attention.

(B) Newspaper columns, specialized magazines, television programs, and Web sites record the personal lives of celebrated Hollywood actors, sometimes accurately.

(C) Both industries actively promote such attention, which expands audiences and thus increases revenues. But a fundamental difference divides them: What sports stars do for a living is authentic in a way that what movie stars do is not.

① (A)−(C)−(B)
② (B)−(A)−(C)
③ (B)−(C)−(A)
④ (C)−(A)−(B)

PART 2 글의 논리 전개 추론하기

08 주어진 글 다음에 이어질 글의 순서로 가장 적절한 것은? (2020, 지방직 9급)

Nowadays the clock dominates our lives so much that it is hard to imagine life without it. Before industrialization, most societies used the sun or the moon to tell the time.

(A) For the growing network of railroads, the fact that there were no time standards was a disaster. Often, stations just some miles apart set their clocks at different times. There was a lot of confusion for travelers.

(B) When mechanical clocks first appeared, they were immediately popular. It was fashionable to have a clock or a watch. People invented the expression "of the clock" or "o'clock" to refer to this new way to tell the time.

(C) These clocks were decorative, but not always useful. This was because towns, provinces, and even neighboring villages had different ways to tell the time. Travelers had to reset their clocks repeatedly when they moved from one place to another. In the United States, there were about 70 different time zones in the 1860s.

① (A)－(B)－(C) ② (B)－(A)－(C)
③ (B)－(C)－(A) ④ (C)－(A)－(B)

09 주어진 글 다음에 이어질 글의 순서로 가장 적절한 것은? (2022, 국가직 9급)

Today, Lamarck is unfairly remembered in large part for his mistaken explanation of how adaptations evolve. He proposed that by using or not using certain body parts, an organism develops certain characteristics.

(A) There is no evidence that this happens. Still, it is important to note that Lamarck proposed that evolution occurs when organisms adapt to their environments. This idea helped set the stage for Darwin.

(B) Lamarck thought that these characteristics would be passed on to the offspring. Lamarck called this idea *inheritance of acquired characteristics*.

(C) For example, Lamarck might explain that a kangaroo's powerful hind legs were the result of ancestors strengthening their legs by jumping and then passing that acquired leg strength on to the offspring. However, an acquired characteristic would have to somehow modify the DNA of specific genes in order to be inherited.

① (A)－(C)－(B) ② (B)－(A)－(C)

③ (B)－(C)－(A) ④ (C)－(A)－(B)

10 주어진 문장이 들어갈 위치로 가장 적절한 것은? (2021, 지방직 9급)

And working offers more than financial security.

Why do workaholics enjoy their jobs so much? Mostly because working offers some important advantages. (①) It provides people with paychecks — a way to earn a living. (②) It provides people with self-confidence; they have a feeling of satisfaction when they've produced a challenging piece of work and are able to say, "I made that". (③) Psychologists claim that work also gives people an identity; they work so that they can get a sense of self and individualism. (④) In addition, most jobs provide people with a socially acceptable way to meet others. It could be said that working is a positive addiction; maybe workaholics are compulsive about their work, but their addiction seems to be a safe — even an advantageous — one.

11 주어진 문장이 들어갈 위치로 가장 적절한 것은?

> In particular, in many urban counties, air pollution, as measured by the amount of total suspended particles, had reached dangerous levels.

Economists Chay and Greenstone evaluated the value of cleaning up of air pollution after the Clean Air Act of 1970. (①) Before 1970, there was little federal regulation of air pollution, and the issue was not high on the agenda of state legislators. (②) As a result, many counties allowed factories to operate without any regulation on their pollution, and in several heavily industrialized counties, pollution had reached very high levels. (③) The Clean Air Act established guidelines for what constituted excessively high levels of five particularly dangerous pollutants. (④) Following the Act in 1970 and the 1977 amendment, there were improvements in air quality.

PART 2 글의 논리 전개 추론하기

12 주어진 문장이 들어갈 위치로 알맞은 것은? (2023, 국가직 9급)

> They installed video cameras at places known for illegal crossings, and put live video feeds from the cameras on a Web site.

Immigration reform is a political minefield. (①) About the only aspect of immigration policy that commands broad political support is the resolve to secure the U.S. border with Mexico to limit the flow of illegal immigrants. (②) Texas sheriffs recently developed a novel use of the Internet to help them keep watch on the border. (③) Citizens who want to help monitor the border can go online and serve as "virtual Texas deputies." (④) If they see anyone trying to cross the border, they send a report to the sheriff's office, which follows up, sometimes with the help of the U.S. Border Patrol.

13 주어진 글 다음에 이어질 글의 순서로 가장 적절한 것은?

Before anyone could witness what had happened, I shoved the loaves of bread up under my shirt, wrapped the hunting jacket tightly about me, and walked swiftly away.

(A) When I dropped them on the table, my sister's hands reached to tear off a chunk, but I made her sit, forced my mother to join us at the table, and poured warm tea.

(B) The heat of the bread burned into my skin, but I clutched it tighter, clinging to life. By the time I reached home, the loaves had cooled somewhat, but the insides were still warm.

(C) I sliced the bread. We ate an entire loaf, slice by slice. It was good hearty bread, filled with raisins and nuts.

① (A)－(B)－(C)　　② (B)－(A)－(C)
③ (B)－(C)－(A)　　④ (C)－(A)－(B)

14 주어진 글 다음에 이어질 글의 순서로 가장 적절한 것은? (2022, 지방직 9급)

For people who are blind, everyday tasks such as sorting through the mail or doing a load of laundry present a challenge.

(A) That's the thinking behind Aira, a new service that enables its thousands of users to stream live video of their surroundings to an on-demand agent, using either a smartphone or Aira's proprietary glasses.
(B) But what if they could "borrow" the eyes of someone who could see?
(C) The Aira agents, who are available 24/7, can then answer questions, describe objects or guide users through a location.

① (A)－(B)－(C)　② (A)－(C)－(B)
③ (B)－(A)－(C)　④ (C)－(A)－(B)

15 주어진 문장이 들어갈 위치로 적절한 것은? (2024, 국가직 9급)

Tribal oral history and archaeological evidence suggest that sometime between 1500 and 1700 a mudslide destroyed part of the village, covering several longhouses and sealing in their contents.

From the village of Ozette on the westernmost point of Washington's Olympic Peninsula, members of the Makah tribe hunted whales. (①) They smoked their catch on racks and in smokehouses and traded with neighboring groups from around the Puget Sound and nearby Vancouver Island. (②) Ozette was one of five main villages inhabited by the Makah, an Indigenous people who have been based in the region for millennia. (③) Thousands of artifacts that would not otherwise have survived, including baskets, clothing, sleeping mats, and whaling tools, were preserved under the mud. (④) In 1970, a storm caused coastal erosion that revealed the remains of these longhouses and artifacts.

PART 2 글의 논리 전개 추론하기

16 주어진 문장이 들어갈 위치로 가장 적절한 곳은? (2022, 국가직 9급)

> Thus, blood, and life-giving oxygen, are easier for the heart to circulate to the brain.

People can be exposed to gravitational force, or g-force, in different ways. It can be localized, affecting only a portion of the body, as in getting slapped on the back. It can also be momentary, such as hard forces endured in a car crash. A third type of g-force is sustained, or lasting for at least several seconds. (①) Sustained, body-wide g-forces are the most dangerous to people. (②) The body usually withstands localized or momentary g-force better than sustained g-force, which can be deadly because blood is forced into the legs, depriving the rest of the body of oxygen. (③) Sustained g-force applied while the body is horizontal, or lying down, instead of sitting or standing tends to be more tolerable to people, because blood pools in the back and not the legs. (④) Some people, such as astronauts and fighter jet pilots, undergo special training exercises to increase their bodies' resistance to g-force.

MEMO

UNIT 06

빈칸 추론

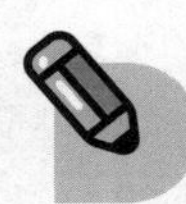

HOW TO SOLVE

빈칸 추론은 매년 2~3문제씩 출제되고 있고 대부분의 수험생들이 가장 어려워하는 유형이다. 실제로 중위권 수험생들이 상위권 점수대로 넘어갈 때 가장 힘들어하는 유형이기도 하다.

빈칸 추론 문제를 잘 풀기 위해서는 **정확한 독해 능력**을 갖추고 있어야 한다. 공무원 영어에서는 어려운 단어와 복잡한 구문을 포함한, 내용 자체가 어려운 지문이 출제되기도 하기에 언어적 능력과 전략적인 독해 능력이 부족한 수험생들은 상당히 힘들어한다.

빈칸에 들어갈 말들은 대체로 그 글의 소재나 주제와 관련이 있다. 다만 선지를 구성할 때 본문에 사용된 단어를 그대로 사용하기보다는 비슷한 단어로 약간 뒤틀어 표현하기 때문에 글 자체를 이해하는 능력뿐만 아니라 필자가 말하고자 하는 바를 정확하게 이해하는 능력도 필요하다.

빈칸의 위치에 따른 출제 유형

❶ 빈칸이 맨 앞이나 맨 뒤에 위치한 경우

→ 주제 추론(소재 + 내용)을 한 후 선지 분석을 하라!

빈칸이 맨 처음이나 맨 끝에 위치한 경우 대부분 그 글의 전체 내용을 이해하면 답이 보인다. 따라서 빈칸보다도 글 전체의 주제나 필자의 요지에 초점을 맞춰서 글을 읽어야 한다. 이때 **빈칸 앞 문장이 특히 중요하다**는 점을 꼭 기억해야 한다.

글의 주제를 생각한 후 선지를 정확하게 분석하면 문제가 쉽게 풀린다. 특히 선지가 긴 경우에는 핵심 내용이 무엇인지를 정확하게 파악하는 것이 중요하다.

❷ 빈칸이 중간에 있는 경우

→ 연결사를 확인한 후 빈칸과 빈칸 주변을 살펴라!

빈칸이 중간에 있는 경우, 빈칸 주변에 연결사가 나오는 경우가 많다. 따라서 **연결사를 먼저 확인**한 후, 그 연결사를 활용해서 문제를 푼다. 하지만 연결사가 없는 경우에는 빈칸과 빈칸 주변이 중요하다. 특히 빈칸이 지문의 앞쪽에 있을수록 빈칸 뒷부분이 중요하고, 빈칸이 지문의 뒤쪽에 있을수록 빈칸이 포함된 문장과 그 앞뒤 문장이 중요하다.

It derives from the prevalent belief that all of us are similar bio-mechanical units that rolled off the same assembly line — a most imperfect conception of human beings that limits conventional medicine's effectiveness. The doctor of the future, **however**, needs to practice medicine in fundamentally different ways.

그것은 우리 모두가 동일한 조립라인에서 출고된 유사한 생체 역학적인 집단들이라는 만연한 믿음에서 유래한다. (이것은) 전통적인 의학의 유효성을 제한하는 인간에 대한 매우 불완전한 개념이다. 하지만 미래의 의사는 근본적으로 다른 방법들로 의술을 행할 필요가 있다.

연결사 'however'를 중심으로 상반되는 내용이 전개된다는 것을 파악해야 한다.

❸ 빈칸 다음에 마지막 문장이 있는 경우

→ 빈칸 다음의 마지막 문장은 매우 중요하다!

빈칸 다음에 마지막 문장이 나온다면, 당연히 그 마지막 문장은 빈칸과 관련하여 중요한 정보를 가질 수밖에 없다. 따라서 그 마지막 부분을 잘 읽으면 정답을 쉽게 찾을 수 있다.

If you see things through your camera lens that distract from what you are trying to say, get rid of them. So when you photograph people, remember to get closer to them to exclude unwanted objects.

만약 당신이 당신의 카메라 렌즈를 통해서 당신이 말하고자 하는 것으로부터 주의를 딴 데로 돌리는 것들을 본다면 그것들을 없애라. 그러므로 당신이 사람들을 찍을 때 불필요한 사물들을 제외하기 위해서는 그들에게 더 가까이 다가갈 것을 기억해라.

마지막 문장에서 사진에서 원하지 않는 부분을 제외하기 위해 피사체에 다가가라고 하고 있다. 그러므로 당신이 찍고 싶은 것을 방해하는 주변 물체는 프레임에서 제외하라는 내용이 빈칸에 들어갈 것임을 알 수 있다.

2 빈칸의 길이에 따른 출제 유형

❶ 빈칸의 길이가 짧은 경우

→ 빈칸이 포함된 문장을 분석하는 것이 매우 중요하다!

빈칸이 짧은 경우, 빈칸이 있는 문장을 먼저 정확하게 분석한다.

From this period the roles of mathematicians and architects were seen as ____________ in a way that did not happen in the seventeenth century.

① distinct ② similar ③ excellent ④ trivial

이때부터 수학자와 건축가의 역할은, 17세기에는 일어나지 않았던 방식으로 ________ 것으로 간주됐다.

빈칸이 있는 문장을 정확하게 분석하면 수학자와 건축가의 역할이 '어떠한지'를 파악하면 된다는 것을 알 수 있다. 그 역할이 '다른지', '비슷한지', '훌륭한지', '사소한지'만 파악하면 쉽게 답을 찾을 수 있다. 또한 'a way that did not happen in the seventeenth century'에서 시간상의 대조를 이루는 구조의 글임을 알 수 있다.

❷ 빈칸의 길이가 긴 경우

→ 주제 추론(소재 + 내용)을 한 후 선지 분석을 하라!

빈칸의 길이가 긴 경우에는 빈칸의 위치와 관계없이 전체 주제나 필자의 요지가 무엇인지를 찾아야 한다. 빈칸의 길이가 긴 경우 단락 구조가 생각보다 단순하다. 따라서 빈칸에 집중하기보다는, 그 글이 전체적으로 무엇을 말하는지부터 잡아내야 한다. 그런 다음 선지 분석을 하는데, 이때 긴 선지의 핵심이 무엇인지를 잘 파악해야 한다.

1. 주제 추론

Sometimes one way to find a peaceful solution is to ________________________.

때때로 평화로운 해결책을 찾는 한 방법은 ____________ 하는 것이다.

제시문은 평화로운 해결책을 찾는 방법에 대한 내용이다. 문제점과 해결책 구조로 되어 있다. 빈칸에 들어갈 내용이 해결책이다.

2. 선지 분석

① try very hard to impress the other person
② respond quickly to the other person's request
③ let the other person experience things in your shoes
④ set a good example to the other person instead of making excuses

선지의 핵심을 파악하면,

① 깊은 인상을 주라는 건지
② 타인의 요청을 들어주라는 건지
③ 당신의 입장을 경험하게 하라는 건지
④ 좋은 본보기를 보이라는 건지

각각 다른 것을 주장하고 있음을 알 수 있다. 따라서 선지의 핵심을 파악하면 본문에서 대략적인 핵심 내용만 잡아도 빈칸에 들어갈 내용을 쉽게 찾을 수 있다.

❸ 빈칸이 있는 문장 자체가 긴 경우

→ 빈칸이 있는 문장 분석이 가장 중요하다!

빈칸의 길이와 상관없이 빈칸이 있는 문장의 길이가 긴 경우, 그 문장 자체가 가장 중요하다. 해당 문장만 잘 분석해도 답이 쉽게 보이는 경우가 있다.

심쌤 꿀팁!

❶ 모든 빈칸 추론 유형의 풀이 방법

① 빈칸이 맨 앞이나 맨 끝에 있는 경우: 주제 추론 (소재 + 내용)
② 빈칸이 중간에 있는 경우: 전체 소재를 생각하고 빈칸과 빈칸의 앞뒤를 특히 정확히 해석

❷ 선지 분석 3법칙

빈칸 추론 유형을 풀이하는 핵심은 선지 분석 능력이다. 출제자는 본문에 자주 등장하거나 인상적인 단어를 사용하여 오답 선지 문항을 구성하므로 선지 분석법을 이용하여 오답을 제거하는 연습이 필요하다.

① 소재 제거법	지문의 첫 문장 또는 도입부의 내용을 통해 소재를 파악하고, 제시된 선지 중 소재와 관련이 없는 선지 제거하기
② [⊕/⊖] 단순화	지문에서 화자가 말하고자 하는 내용과 선지의 내용을 비교하여, 맥락에 따라 [⊕/⊖]로 단순화한 후 헷갈리는 선지 제거하기
③ 역추론	소재 제거법과 [⊕/⊖] 단순화로 정답이 아닌 것을 제외한 후, 남은 선지를 지문의 빈칸 위치에 역으로 대입하여 글의 흐름이 자연스러운지 생각하기

<선지에 자주 나오는 [⊕/⊖] 분류 표>

❶ 공통된 vs 다른

공통된		다른	
*same	(똑)같은	*different	다른
*common	흔한	*uncommon	흔치 않은
*usual	보통의	*unusual	특이한
*universal	보편적인	*unique	유일무이한
*widespread	광범위한	*rare	희귀한
*similar	유사한	*distinctive	독특한
*homogeneous	동종[동질]의	*heterogeneous	이종[이질]의
*public	공공의	*private	사유의
*integrated	통합적인	*fragmented	분열된
*globalized	세계화된	*localized	국지[국부]적인
*uniform	획일적인	*disparate	서로 이질적인
*standardized	표준화된	*diverse	다양한
*uncontroversial	논란의 여지가 없는[적은]	*extraordinary	특이한
*comprehensive	포괄적인	*selective	선택적인

❷ 변하지 않는 vs 변하는

변하지 않는		변하는	
*unchangeable	변하지 않는	*changeable	변하기 쉬운
*conventional	전통적[인습적]인	*innovative	획기적인
*inflexible	융통성[신축성] 없는	*flexible	융통성[신축성] 있는
*permanent	영구[영속]적인	*temporary	일시적인
*invariable	불변의	*variable	가변적인
*constant	끊임없이 계속되는	*irregular	불규칙적인
*consistent	일관된	*inconsistent	일관성 없는
*stable	안정된	*unstable	불안정한
*fixed	고정된	*fluctuating	동요하는
settled	정착된	movable	움직일[이동할] 수 있는
firm	견고한	adjustable	조절[조정] 가능한
*static	정적(靜的)인	*adaptable	적응할 수 있는
loyal	충성하는	conformable	유순한
stationary	움직이지 않는	dynamic	역동적인
rigid	엄격한	mobile	유동적인
steady	꾸준한	volatile	변덕스러운

❸ 객관적 vs 주관적

객관적		주관적	
*objective	객관적인	*subjective	주관적인
*unbiased	선입견[편견] 없는	*biased	선입견이 있는
*unprejudiced	한쪽으로 치우치지 않은	*prejudiced	한쪽으로 치우친
*impartial	공정한	*partial	불공평한
*absolute	절대적인	*relative	상대적인
*standardized	표준화된	*individualized	개별화된
*neutral	중립적인	*personalized	(개인) 맞춤형의
balanced	균형 잡힌	one-sided	한쪽으로 치우친
*logical	논리적인	*emotional	감정적인

❹ 긍정적 vs 부정적

긍정적		부정적	
*positive	긍정적인	*negative	부정적인
*optimistic	낙관적인	*pessimistic	비관적인
bright	희망적인	dark	암울한
hopeful	희망을 주는	unhopeful	희망이 없는
*favorable	호의적인	*unfavorable	호의적이 아닌
*confident	자신(감) 있는	*unconfident/ diffident	자신감이 없는
*rational	이성[합리]적인	*irrational	비이성[비논리]적인
*agreeable	동의할 수 있는	*disagreeable	동의하기 힘든
pleasant	쾌적한	unpleasant	불쾌한
approving	찬성하는	cynical	냉소적인
true	사실[진실]의	false	거짓의
sympathize	동감[공감]하다	ignore	무시하다
support	지지[옹호]하다	counter	반박하다
admit	인정[시인]하다	deny	부인[부정]하다

❺ 영향력 있는 vs 영향력 없는

영향력 있는		영향력 없는	
*effective	효과적인	*ineffective	효과[효력] 없는
*influential	영향력 있는	*powerless	힘없는
strong	강력한	weak	약한
superior	우월한	inferior	열등한
*crucial	중대한	*trivial	하찮은
major	주요한	minor	중요하지 않은
helpful	도움이 되는	unhelpful	도움이 되지 않는
*dominant	지배적인	*secondary	부차[부수]적인
capable	유능한	incapable	무능한
persuasive	설득력 있는	unclear	명확하지 않은
convincing	납득이 가는	inadequate	부족한
successful	성공적인	unsuccessful	성공하지 못한
useful	쓸모 있는	useless	쓸모 없는
meaningful	의미 있는	futile	헛된
certain	확실한	ambiguous	애매모호한
profound	엄청난[깊은]	superficial	깊이 없는
*powerful	영향력 있는	*limited	제한된
*significant	중요한	*trivial	사소한
central	중심되는	marginal	가장자리의
maximal	최대(한)의	minimal	최소의

❻ 쉬운 vs 어려운

쉬운		어려운	
*easy	수월한	*difficult	힘든
*simple	간단한	*hard	어려운
plain	평이한	complicated	복잡한
effortless	힘이 들지 않는	challenging	도전적인
light	가벼운	heavy	무거운

❼ 선천적 vs 후천적

선천적		후천적	
*nature	천성	*nurture	양육
*genes	유전자	*habits	습관
*born	타고난	*learned	학습된
*inherent	내재하는	*acquired	습득한
*intrinsic	본질적인	*trained	훈련된
*innate	선천적인	*formed	형성된
instinctive	본능적인	developed	발달된

❽ 실증적 vs 이론적

실증적		이론적	
*empirical	경험[실험]에 의거한	*theoretical	이론적인
factual	사실에 기반을 둔	hypothetical	가설[가정]의
*measurable	측정 가능한	*conceptual	개념의, 구상의
*concrete	구체적인	*abstract	추상적인

정답/해설 p. 15

Actual Test

01 밑줄 친 부분에 들어갈 말로 알맞은 것은? (2023, 국가직 9급)

In recent years, the increased popularity of online marketing and social media sharing has boosted the need for advertising standardization for global brands. Most big marketing and advertising campaigns include a large online presence. Connected consumers can now zip easily across borders via the internet and social media, making it difficult for advertisers to roll out adapted campaigns in a controlled, orderly fashion. As a result, most global consumer brands coordinate their digital sites internationally. For example, Coca-Cola web and social media sites around the world, from Australia and Argentina to France, Romania, and Russia, are surprisingly ________. All feature splashes of familiar Coke red, iconic Coke bottle shapes, and Coca-Cola's music and "Taste the Feeling" themes.

① experimental ② uniform
③ localized ④ diverse

02 밑줄 친 부분에 들어갈 말로 가장 적절한 것은? (2022, 지방직 9급)

One of the most frequently used propaganda techniques is to convince the public that the propagandist's views reflect those of the common person and that he or she is working in their best interests. A politician speaking to a blue-collar audience may roll up his sleeves, undo his tie, and attempt to use the specific idioms of the crowd. He may even use language incorrectly on purpose to give the impression that he is "just one of the folks." This technique usually also employs the use of glittering generalities to give the impression that the politician's views are the same as those of the crowd being addressed. Labor leaders, businesspeople, ministers, educators, and advertisers have used this technique to win our confidence by appearing to be ______________________.

① beyond glittering generalities
② just plain folks like ourselves
③ something different from others
④ better educated than the crowd

03 밑줄 친 부분에 들어갈 말로 알맞은 것은? (2023, 국가직 9급)

Over the last fifty years, all major subdisciplines in psychology have become more and more isolated from each other as training becomes increasingly specialized and narrow in focus. As some psychologists have long argued, if the field of psychology is to mature and advance scientifically, its disparate parts (for example, neuroscience, developmental, cognitive, personality, and social) must become whole and integrated again. Science advances when distinct topics become theoretically and empirically integrated under simplifying theoretical frameworks. Psychology of science will encourage collaboration among psychologists from various sub-areas, helping the field achieve coherence rather than continued fragmentation. In this way, psychology of science might act as a template for psychology as a whole by integrating under one discipline all of the major fractions/factions within the field. It would be no small feat and of no small import if the psychology of science could become a model for the parent discipline on how to combine resources and study science ____________________.

① from a unified perspective
② in dynamic aspects
③ throughout history
④ with accurate evidence

04 밑줄 친 부분에 들어갈 말로 가장 적절한 것은? (2022, 국가직 9급)

Scientists have long known that higher air temperatures are contributing to the surface melting on Greenland's ice sheet. But a new study has found another threat that has begun attacking the ice from below: Warm ocean water moving underneath the vast glaciers is causing them to melt even more quickly. The findings were published in the journal Nature Geoscience by researchers who studied one of the many "ice tongues" of the Nioghalvfjerdsfjorden Glacier in northeast Greenland. An ice tongue is a strip of ice that floats on the water without breaking off from the ice on land. The massive one these scientists studied is nearly 50 miles long. The survey revealed an underwater current more than a mile wide where warm water from the Atlantic Ocean is able to flow directly towards the glacier, bringing large amounts of heat into contact with the ice and ________ the glacier's melting.

① separating
② delaying
③ preventing
④ accelerating

05 밑줄 친 부분에 들어갈 말로 가장 적절한 것은? (2021, 국가직 9급)

Social media, magazines and shop windows bombard people daily with things to buy, and British consumers are buying more clothes and shoes than ever before. Online shopping means it is easy for customers to buy without thinking, while major brands offer such cheap clothes that they can be treated like disposable items — worn two or three times and then thrown away. In Britain, the average person spends more than £1,000 on new clothes a year, which is around four percent of their income. That might not sound like much, but that figure hides two far more worrying trends for society and for the environment. First, a lot of that consumer spending is via credit cards. British people currently owe approximately £670 per adult to credit card companies. That's 66 percent of the average wardrobe budget. Also, not only are people spending money they don't have, they're using it to buy things ________________. Britain throws away 300,000 tons of clothing a year, most of which goes into landfill sites.

① they don't need
② that are daily necessities
③ that will be soon recycled
④ they can hand down to others

06 밑줄 친 부분에 들어갈 말로 적절한 것은? (2024, 국가직 9급)

It is important to note that for adults, social interaction mainly occurs through the medium of language. Few native-speaker adults are willing to devote time to interacting with someone who does not speak the language, with the result that the adult foreigner will have little opportunity to engage in meaningful and extended language exchanges. In contrast, the young child is often readily accepted by other children, and even adults. For young children, language is not as essential to social interaction. So-called 'parallel play', for example, is common among young children. They can be content just to sit in each other's company speaking only occasionally and playing on their own. Adults rarely find themselves in situations where ______________________.

① language does not play a crucial role in social interaction
② their opinions are readily accepted by their colleagues
③ they are asked to speak another language
④ communication skills are highly required

07 밑줄 친 부분에 들어갈 말로 가장 적절한 것은?

Falling fertility rates are projected to result in shrinking populations for nearly every country by the end of the century. The global fertility rate was 4.7 in 1950, but it dropped by nearly half to 2.4 in 2017. It is expected to fall below 1.7 by 2100. As a result, some researchers predict that the number of people on the planet would peak at 9.7 billion around 2064 before falling down to 8.8 billion by the century's end. This transition will also lead to a significant aging of populations, with as many people reaching 80 years old as there are being born. Such a demographic shift ______________________________, including taxation, healthcare for the elderly, caregiving responsibilities, and retirement. To ensure a "soft landing" into a new demographic landscape, researchers emphasize the need for careful management of the transition.

① raises concerns about future challenges
② mitigates the inverted age structure phenomenon
③ compensates for the reduced marriage rate issue
④ provides immediate solutions to resolve the problems

08 밑줄 친 (A), (B)에 들어갈 말로 가장 적절한 것은? (2020, 국가직 9급)

When an organism is alive, it takes in carbon dioxide from the air around it. Most of that carbon dioxide is made of carbon-12, but a tiny portion consists of carbon-14. So the living organism always contains a very small amount of radioactive carbon, carbon-14. A detector next to the living organism would record radiation given off by the carbon-14 in the organism. When the organism dies, it no longer takes in carbon dioxide. No new carbon-14 is added, and the old carbon-14 slowly decays into nitrogen. The amount of carbon-14 slowly ___(A)___ as time goes on. Over time, less and less radiation from carbon-14 is produced. The amount of carbon-14 radiation detected for an organism is a measure, therefore, of how long the organism has been ___(B)___. This method of determining the age of an organism is called carbon-14 dating. The decay of carbon-14 allows archaeologists to find the age of once-living materials. Measuring the amount of radiation remaining indicates the approximate age.

	(A)	(B)
①	decreases	dead
②	increases	alive
③	decreases	productive
④	increases	inactive

PART 2 글의 논리 전개 추론하기

09 밑줄 친 부분에 들어갈 말로 가장 적절한 것을 고르시오.

(2023, 지방직 9급)

How many different ways do you get information? Some people might have six different kinds of communications to answer — text messages, voice mails, paper documents, regular mail, blog posts, messages on different online services. Each of these is a type of in-box, and each must be processed on a continuous basis. It's an endless process, but it doesn't have to be exhausting or stressful. Getting your information management down to a more manageable level and into a productive zone starts by ____________________________. Every place you have to go to check your messages or to read your incoming information is an in-box, and the more you have, the harder it is to manage everything. Cut the number of in-boxes you have down to the smallest number possible for you still to function in the ways you need to.

① setting several goals at once
② immersing yourself in incoming information
③ minimizing the number of in-boxes you have
④ choosing information you are passionate about

10 밑줄 친 부분에 들어갈 말로 가장 적절한 것은? (2021, 지방직 9급)

As more and more leaders work remotely or with teams scattered around the nation or the globe, as well as with consultants and freelancers, you'll have to give them more ___________. The more trust you bestow, the more others trust you. I am convinced that there is a direct correlation between job satisfaction and how empowered people are to fully execute their job without someone shadowing them every step of the way. Giving away responsibility to those you trust can not only make your organization run more smoothly but also free up more of your time so you can focus on larger issues.

① work ② rewards

③ restrictions ④ autonomy

11 밑줄 친 부분에 들어갈 말로 가장 적절한 것은? (2020, 국가직 9급)

All creatures, past and present, either have gone or will go extinct. Yet, as each species vanished over the past 3.8-billion-year history of life on Earth, new ones inevitably appeared to replace them or to exploit newly emerging resources. From only a few very simple organisms, a great number of complex, multicellular forms evolved over this immense period. The origin of new species, which the nineteenth-century English naturalist Charles Darwin once referred to as "the mystery of mysteries," is the natural process of speciation responsible for generating this remarkable ______________________ with whom humans share the planet. Although taxonomists presently recognize some 1.5 million living species, the actual number is possibly closer to 10 million. Recognizing the biological status of this multitude requires a clear understanding of what constitutes a species, which is no easy task given that evolutionary biologists have yet to agree on a universally acceptable definition.

① technique of biologists
② diversity of living creatures
③ inventory of extinct organisms
④ collection of endangered species

12 **밑줄 친 부분에 들어갈 말로 적절한 것은?** (2024, 국가직 9급)

________________________. Nearly every major politician hires media consultants and political experts to provide advice on how to appeal to the public. Virtually every major business and special-interest group has hired a lobbyist to take its concerns to Congress or to state and local governments. In nearly every community, activists try to persuade their fellow citizens on important policy issues. The workplace, too, has always been fertile ground for office politics and persuasion. One study estimates that general managers spend upwards of 80% of their time in verbal communication — most of it with the intent of persuading their fellow employees. With the advent of the photocopying machine, a whole new medium for office persuasion was invented — the photocopied memo. The Pentagon alone copies an average of 350,000 pages a day, the equivalent of 1,000 novels.

① Business people should have good persuasion skills
② Persuasion shows up in almost every walk of life
③ You will encounter countless billboards and posters
④ Mass media campaigns are useful for the government

13 밑줄 친 부분에 들어갈 말로 적절한 것을 고르시오. (2024, 지방직 9급)

Cost pressures in liberalized markets have different effects on existing and future hydropower schemes. Because of the cost structure, existing hydropower plants will always be able to earn a profit. Because the planning and construction of future hydropower schemes is not a short-term process, it is not a popular investment, in spite of low electricity generation costs. Most private investors would prefer to finance ______________________, leading to the paradoxical situation that although an existing hydropower plant seems to be a cash cow, nobody wants to invest in a new one. Where public shareholders/owners (states, cities, municipalities) are involved, the situation looks very different because they can see the importance of the security of supply and also appreciate long-term investments.

① more short-term technologies
② all high technology industries
③ the promotion of the public interest
④ the enhancement of electricity supply

MEMO

PART

3

신유형 이해하기

UNIT 07 이메일
UNIT 08 안내문
UNIT 09 웹페이지 글

심슨독해
shimson reading

UNIT 07

이메일

HOW TO SOLVE

이메일은 1지문에 2문제가 출제되며 지문 난도는 낮을 것으로 예상된다. 따라서 풀이 전략을 미리 숙지하여 빠르게 풀 수 있다면, 다른 어려운 독해 유형을 풀기 위한 시간을 확보할 수 있게 된다. 민원이나 실무 관련 지문이 출제될 가능성이 크며, 출제 기조 전환 예시 문항에서는 ① 이메일의 목적과 ② 동의어 고르기 문항이 출제되었으나, 일치/불일치 문제도 출제될 가능성이 있다. 이메일은 인사말 → 목적 → 부연 설명 → 당부하는 말 순서로 전개된다.

1 초반부에서 글의 목적이 나온다.

이메일은 보통 두괄식으로 작성되며, 이메일을 보내는 목적은 대부분 글의 앞부분에서 언급되므로, 서론만 읽어도 글의 목적을 묻는 문항을 풀 수 있다. 특히 이메일 상단에 나오는 To(수신), From(발신), Subject(제목)를 통해 글의 전반적인 내용을 예상할 수 있으며, 이메일 초반부의 글의 목적을 나타내는 표현을 익혀두면 목적을 묻는 문제를 쉽게 풀 수 있다.

❶ 목적 관련 표현

- I am writing to express/request/ask ~ (~하기 위해 글을 씁니다)
- I am reaching out to you because ~ (~때문에 연락 드립니다)
- I would like to inquire about ~ (~에 대해 문의드리고 싶습니다)
- I am pleased to inform you ~ (~을 알려 드리게 되어 기쁩니다)
- I am sorry / I regret / I am afraid / Unfortunately, I have to inform you ~ (~을 알려 드리게 되어 유감입니다)
- regarding = in regard to = with regard to = concerning = with respect to = in respect of = relating to = as to = as for (~와 관련해서)

❷ 요청 사항 관련 표현

이메일의 2~3번째 단락의 추가 요청 사항 관련 내용에서도 글의 목적을 확인할 수 있다.

- I kindly request that ~ (~을 부탁드립니다)
- Could you please ~? (~해주실 수 있으실까요?)
- I would like you to ~ (당신이 ~을 해주셨으면 합니다)
- We need to have ~ (저희는 ~이 필요합니다)

오답을 피하는 법

Subject만 읽고 바로 답을 골라서는 안 된다.

오답 선지들도 Subject에 나온 소재를 다루기 때문에 Subject만 읽고 바로 답을 골라서는 안 된다. Subject는 글의 방향성을 잡기 위함일 뿐, 정답과 직결되지는 않음에 유의해야 한다.

심슨쌤 꿀팁!

❶ 목적 문제에서는 이메일 마지막의 당부의 말에 주의를 기울이지 않아도 된다. 앞에서 언급한 내용을 강조하거나 글의 마무리용 인사말이기 때문이다. 단, 일치/불일치 문제를 풀 때는 모든 내용을 선지와 일대일로 꼼꼼하게 대조해야 함에 유의한다.

당부하는 표현

- If you have any questions, feel free to contact me via email at any time.
  (궁금한 점이 있으시다면 언제든 이메일로 연락주세요.)
- If you want to talk more about it, please respond directly to this e-mail.
  (더 논의하고 싶으시다면 바로 이 이메일로 회신 부탁드립니다.)
- If this sounds good, give me a call at ~.
  (위 사항이 괜찮으시다면 ~로 제게 전화주세요.)

❷ 이메일에 상단 부분과 하단 부분에 언급되는 인사말들은 문제 풀이에 크게 영향을 미치지 않으므로 눈으로만 살펴보고 넘어가는 것이 좋다.

인사말	• To whom it may concern/ Dear [회사명/직함] (~ 귀하) • Greetings (안녕하세요) • I hope this email finds you well (이 이메일이 잘 전달되길 바랍니다)
끝맺음 표현	• We look forward to ~ (~을 기대하고 있겠습니다) • Thank you for ~ (~에 감사드립니다) • Sincerely/Regards/Best wishes/Yours truly (진심을 담아/안부를 전하며)

2 동의어 문제는 문맥으로 파악하라.

동의어를 고르는 문제는 지문에서 나온 단어 중 하나에 밑줄을 긋고 해당 단어가 그 '문맥'에서 어떤 뜻으로 사용되었는지 묻는다. 이때 주의할 점은 보통 다의어가 출제되므로 오답 선지도 해당 단어가 지닌 여러 의미 중 하나인 경우가 있다는 것이다. 따라서 이 문제는 특정 어휘의 뜻 자체보다는 그 어휘가 사용된 '문맥'을 읽는 능력을 요구한다. 확실히 틀린 선지는 소거한 뒤에, 헷갈리는 선지는 직접 밑줄 단어 자리에 넣어본 후 가장 자연스럽게 해석되는 것을 고르면 된다.

심슨쌤 꿀팁!

동의어를 묻는 문제는 이메일 지문뿐만 아니라 안내문 또는 웹페이지 글 등 여러 실용문 지문에서 출제될 가능성이 있다.

출제 예상 다의어

★ 주요 다의어		
001	* account	ⓝ 계좌, 거래처, 설명 ⓥ 간주하다, 설명하다, 차지하다
002	* address	ⓝ 주소 ⓥ 연설하다, 처리하다
003	* allowance	ⓝ 허가, 수당, 허용량, 용돈
004	* amount	ⓝ 액수, 양 ⓥ 총계가 ~에 이르다
005	* apply	ⓥ 적용하다, 신청하다, 바르다
006	* appreciate	ⓥ 감사하다, 인정하다, 이해하다, 감상하다, 가격을 올리다
007	* attach	ⓥ 붙이다, 첨부하다, 연관짓다
008	* attend	ⓥ 참석하다, 주의를 기울이다, 돌보다
009	* attribute	ⓝ 속성, 특질 ⓥ ~탓으로 돌리다
010	* balance	ⓝ 잔고, 잔액, 균형 ⓥ 균형을 잡다, 상쇄되다, 견줘 보다
011	* bill	ⓝ 청구서, 법안 ⓥ 청구서를 보내다
012	* book	ⓝ 책, 회계 장부 ⓥ 예약하다
013	* break	ⓝ 휴식, 단절, 틈 ⓥ 부서지다, 고장나다, (법 등을) 어기다, (관계를) 끊다, (기록을) 깨다
014	* brief	ⓥ 보고하다, 이야기하다 ⓐ 짧은, 간단한
015	* capacity	ⓝ 용량, 능력
016	* case	ⓝ 경우, 사건, 사례, 주장, 상자
017	* charge	ⓝ 요금, 청구 금액 ⓥ 청구하다, 책임을 지우다
018	* check	ⓝ 조사, 점검, 수표 ⓥ 조사하다, 점검하다
019	* complimentary	ⓐ 무료의, 칭찬하는
020	* concern	ⓝ 걱정, 관심 ⓥ 관련되다
021	* conduct	ⓝ 행위, 지도, 운영 ⓥ 수행하다, 지휘하다
022	* contract	ⓝ 계약서 ⓥ 계약하다, 수축하다, (병에) 걸리다
023	* cover	ⓝ 덮개, 표지 ⓥ 덮다, 다루다, 보호하다, 보상하다, 대신 해주다
024	* critical	ⓐ 비판적인, 결정적인, 매우 중요한
025	* degree	ⓝ 학위, 정도, 단계
026	* deliberate	ⓥ 숙고하다 ⓐ 고의의, 신중한

027	* division	ⓝ 부서, 분할, 분열, 나눗셈
028	* exercise	ⓝ 운동, 연습 ⓥ 운동하다, 행사하다
029	* face	ⓝ 얼굴, 체면, 정면 ⓥ 향하다, 직면하다
030	* fine	ⓝ 벌금 ⓥ 벌금을 부과하다 ⓐ 멋진, 괜찮은, 미세한
031	* grant	ⓝ 보조금, 연구비, 장학금, 허가 ⓥ 수여하다, 허가하다
032	* host	ⓝ 주인, 주최 측, 진행자 ⓥ 주최하다
033	* initiative	ⓝ 계획, 진취성, 발의권
034	* interest	ⓝ 관심, 이자, 이익 ⓥ 흥미를 끌다
035	* issue	ⓝ 쟁점, 출판물 ⓥ 발행하다
036	* launch	ⓥ 발사하다, 출시하다, 착수하다 ⓝ 개시, 출시
037	* leave	ⓝ 휴가 ⓥ 떠나다, ~ 채로 놓아 두다, (처리를) 맡기다
038	* liable	ⓐ 책임이 있는, ~하기 쉬운
039	* long	ⓥ 간절히 바라다 ⓐ 긴, 거리가 먼 ⓐⓓ 오랫동안
040	* manage	ⓥ 관리하다, 경영하다, 해내다
041	* match	ⓝ 상대, 적수, 경기, 성냥 ⓥ 대등하다, 어울리다, 경쟁시키다
042	* matter	ⓝ 문제, 물질 ⓥ 중요하다, 문제가 되다
043	* measure	ⓝ 수단, 조치, 기준 ⓥ 측정하다, 평가하다
044	* meet	ⓥ 만나다, 충족시키다
045	* note	ⓝ 메모, 지폐 ⓥ 주목하다, 유념하다, 언급하다
046	* notice	ⓝ 주목, 통지 ⓥ 알아차리다, 주목하다
047	* objective	ⓝ 목적 ⓐ 객관적인
048	* opening	ⓝ 개시, 공석, 구멍
049	* order	ⓝ 주문, 명령, 순서, 질서 ⓥ 주문하다, 명령하다
050	* performance	ⓝ 공연, 실적, 성능
051	* place	ⓝ 장소, 지역, 부분, 입장 ⓥ 놓다, 주문하다, 정하다
052	* practice	ⓝ 실행, 연습, 관행 ⓥ 실행하다, 연습하다
053	* present	ⓝ 현재, 선물 ⓥ 건네주다, 소개하다, 공개하다 ⓐ 현재의, 참석한
054	* reference	ⓝ 추천서, 참고, 언급

055	* return	ⓝ 반납, 복귀, 수익 ⓥ 반환하다, 돌아오다
056	* save	ⓥ 구하다, 저축하다, 절약하다, 모으다, (수고를) 덜어 주다
057	* sense	ⓝ 감각, 느낌, 정신, 의미 ⓥ 감지하다, 느끼다
058	* sign	ⓝ 징후, 표지, 흔적, 신호 ⓥ 서명하다, 계약하다, 신호를 보내다
059	* sound	ⓝ 소리 ⓥ ~인 것 같다, (소리를) 내다, (경보를) 울리다 ⓐ 타당한, 괜찮은, 건강한
060	* step	ⓝ 단계, 조치, 걸음, 계단
061	* subject	ⓝ 주제, 과목, 대상, 피험자 ⓐ 영향을 받는, 종속된
062	* sustain	ⓥ 살아가게 하다, 지탱하다, 인정하다, 피해를 입다
063	* term	ⓝ 조건, 임기, 기한, 용어, 학기
064	* tip	ⓝ (뾰족한) 끝, 조언, 팁 ⓥ 기울이다, 살짝 건드리다, 팁을 건네다
065	* transfer	ⓝ 이체, 양도 ⓥ 옮기다, 이동하다, 넘겨주다, 전근시키다
066	* value	ⓝ 가치 ⓥ 평가하다, 중시하다
067	abstract	ⓝ 개요 ⓐ 추상적인
068	access	ⓝ 접근, 이용 ⓥ 접근하다, 이용하다
069	accommodate	ⓥ 수용하다, 숙박시키다, (상황에) 맞추다
070	acquire	ⓥ 매입하다, 습득하다
071	adjust	ⓥ 적응하다, 조정하다
072	advance	ⓝ 발전, 진보 ⓥ 전진시키다, 추진하다, 나아가다 ⓐ 사전의
073	alter	ⓥ 수선하다, 개조하다, 달라지다, 변경되다
074	appear	ⓥ 나타나다, ~인 것 같다
075	appointment	ⓝ 약속, 임명
076	arrange	ⓥ 배열하다, 정리하다, 준비하다, 미리 정하다
077	assemble	ⓥ 모으다, 조립하다
078	assume	ⓥ 추정하다, 떠맡다
079	authority	ⓝ 권한, 권위자, 당국(보통 *pl.*)
080	board	ⓝ 이사회, 판자 ⓥ 탑승하다
081	carry	ⓥ 나르다, 전하다, 진행시키다, 가지고 있다, 수반하다, 지탱하다
082	clear	ⓥ 치우다, 승인하다, 맑아지다 ⓐ 맑은, 명백한 ⓐⓓ ~에 닿지 않게

083	close	ⓥ 닫다, 종료하다 ⓐ 가까운, 거의 ~할 것 같은
084	command	ⓝ 명령 ⓥ 명령하다, 요구하다, 지휘하다
085	consult	ⓥ 상의하다, 참고하다
086	credit	ⓝ 외상, 신용, 학점 ⓥ 공을 ~으로 돌리다, 입금하다
087	deal	ⓝ 거래 ⓥ 처리하다, 다루다, (상품을) 취급하다
088	declare	ⓥ 선언하다, 세관에서 신고하다
089	decline	ⓝ 쇠퇴, 감소 ⓥ 감소하다, 거절하다
090	deliver	ⓥ 전달하다, 배달하다, 아이를 낳다, (약속을) 이행하다
091	deposit	ⓝ 보증금, 예금, 침전물 ⓥ 예금하다
092	direct	ⓥ 지시하다, 안내하다 ⓐ 직접적인, 똑바른, 솔직한
093	duty	ⓝ 임무, 관세, 세금
094	economy	ⓝ 경제, 경기, 절약
095	establish	ⓥ 설립하다, 확립하다, 임명하다, 입증하다
096	extension	ⓝ 연장, 구내 전화
097	firm	ⓝ 회사 ⓐ 확고한
098	form	ⓝ 모양, 양식, 종류 ⓥ 형성하다
099	forward	ⓥ 편지를 전달하다 ⓐⓓ 앞으로
100	foundation	ⓝ 토대, 근거, 창립, 재단
101	fuel	ⓝ 연료 ⓥ 연료를 공급하다, 부채질하다
102	hold	ⓝ 잡기, 예약, 영향력, 보류 ⓥ 잡고 있다, 품다, 소유하다, 개최하다, 견디다, 유효하다
103	institute	ⓝ 협회 ⓥ (제도를) 마련하다
104	introduce	ⓥ 소개하다, 출시하다, 도입하다
105	last	ⓥ 계속하다, 견뎌 내다 ⓐ 최후의, 최근의, 지난 ⓐⓓ 최후에, 최근에
106	level	ⓝ 수준, 단계, 층 ⓥ 평평하게 만들다 ⓐ 평평한, 대등한
107	live	ⓥ 살다 ⓐ 생방송의
108	local	ⓝ 지역사람 ⓐ 지방의, 현지의
109	locate	ⓥ 위치시키다, ~의 위치를 알아내다
110	major	ⓝ 전공 ⓥ 전공하다 ⓐ 주된, 심각한

111	mean	ⓝ 평균, 수단(means) ⓐ 비열한 ⓥ 의미하다, 의도하다, 가치가 있다
112	miss	ⓥ 놓치다, 그리워하다
113	object	ⓝ 물건, 대상, 목적 ⓥ 반대하다
114	offer	ⓝ 제의, 제안 ⓥ 제공하다, 제안하다
115	official	ⓝ 공무원, 관리 ⓐ 공식적인
116	operate	ⓥ 작동하다, 운영하다, 수술하다, 작전을 수행하다
117	organize	ⓥ 정리하다, 조직하다, 계획하다
118	own	ⓝ 자기의 것 ⓥ 소유하다, 인정하다 ⓐ 자신의, 고유의
119	paper	ⓝ 종이, 논문, 신문, 문서
120	party	ⓝ 파티, 당사자, 단체, 정당
121	personnel	ⓝ 직원, 인원, 인사과
122	poor	ⓐ 가난한, 불쌍한, 실력 없는, 부족한
123	premium	ⓝ 보험료, 할증료 ⓐ 고급의
124	press	ⓝ 언론, 출판사 ⓥ 누르다, 압박하다
125	principal	ⓝ 교장, 단체의 장 ⓐ 주요한
126	process	ⓝ 과정 ⓥ 처리하다
127	proceed	ⓝ 수익금 ⓥ 진행하다, 나아가다
128	produce	ⓝ 농산물 ⓥ 생산하다
129	promote	ⓥ 홍보하다, 촉진하다, 승진시키다
130	property	ⓝ 재산, 부동산, 속성
131	quality	ⓝ 품질 ⓐ 질 좋은
132	raise	ⓝ (임금, 물가) 인상 ⓥ 올리다, (자금을) 모으다, (의문을) 제기하다
133	rate	ⓝ 요금, 비율, 속도 ⓥ 평가하다
134	receipt	ⓝ 영수증, 수령
135	reception	ⓝ 수령, 환영회, 접수처, 수신 상태
136	refer	ⓥ 참조하다, 언급하다, 조회하다
137	remote	ⓐ 희박한, 원격의, 멀리 떨어진
138	rest	ⓝ 나머지, 휴식 ⓥ 쉬다, 기대다, 머물다

139	resume	ⓝ 이력서 ⓥ 다시 시작하다, 되찾다
140	run	ⓥ 뛰다, 입후보하다, 운행하다, 진행되다, 경영하다
141	safe	ⓝ 금고 ⓐ 안전한
142	secure	ⓥ 확보하다, 고정시키다, 잠그다 ⓐ 안전한
143	sentence	ⓝ 문장, (형의) 선고 ⓥ (형을) 선고하다
144	short	ⓐ 부족한, 짧은
145	spot	ⓝ 장소, 점, 얼룩, 관광지 ⓥ 발견하다
146	statement	ⓝ 성명, 진술서, 입출금 내역서
147	stock	ⓝ 재고품, 주식 ⓥ 물품을 들여놓다
148	store	ⓝ 가게 ⓥ 저장하다
149	strike	ⓝ 파업, 타격 ⓥ 치다, (갑자기) 발생하다, 느낌을 주다
150	succeed	ⓥ 성공하다, 계승하다
151	tear	ⓝ 눈물, 갈라진 틈 ⓥ 찢다, 분열시키다
152	versatile	ⓐ 다재다능한, 다용도의, 잘 변하는
153	waive	ⓥ (권리 등을) 포기하다, (세금 등을) 면제하다
154	well	ⓝ 우물 ⓐ 건강한 ⓐⓓ 잘, 훨씬
155	will	ⓝ 의지, 유언 ⓥ ~할 것이다, 바라다
156	yield	ⓝ 산출량, 수익 ⓥ 이익을 가져오다, 산출하다, 권리를 양보하다

내용 일치/불일치 문제도 출제될 수 있다.

출제 기조 전환 예시 문제의 이메일 지문에서 일치/불일치 문제는 출제되지 않았으나, 2024년 지방직 시험에서는 이메일 지문에 불일치 문제가 출제되었다. 즉, 이메일 지문에서 일치/불일치 문제도 충분히 출제될 가능성이 있으므로 이에 대비해야 한다. 이 경우 선지 순서는 지문의 흐름 순서와 동일하게 나오므로, 선지와 지문 내용을 천천히 대조하며 푸는 것이 좋다. (p. 132 <UNIT 09 웹페이지 글> 참고)

출제 기조 전환 예시 문제

To	Clifton District Office	…… 수신
From	Rachael Beasley	…… 발신
Date	June 7	…… 날짜
Subject	Excessive Noise in the Neighborhood	…… 제목

Send　Preview　Save

My PC　Browse

Times New　10pt　G G G G G

To whom it may concern, …… 인사말

I hope this email finds you well. I am writing to express my concern and frustration regarding the excessive noise levels in our neighborhood, specifically coming from the new sports field. …… 이메일의 목적

As a resident of Clifton district, I have always appreciated the peace of our community. However, the ongoing noise disturbances have significantly impacted my family's well-being and our overall quality of life. The sources of the noise include crowds cheering, players shouting, whistles, and ball impacts. …… 배경 설명

I kindly request that you look into this matter and take appropriate <u>steps</u> to address the noise disturbances. Thank you for your attention to this matter, and I appreciate your prompt response to help restore the tranquility in our neighborhood. …… 당부의 말

Sincerely, …… 끝맺음
Rachael Beasley

01 윗글의 목적으로 가장 적절한 것은?

① 체육대회 소음에 대해 주민들의 양해를 구하려고
② 새로 이사 온 이웃 주민의 소음에 대해 항의하려고
③ 인근 스포츠 시설의 소음에 대한 조치를 요청하려고
④ 밤시간 악기 연주와 같은 소음의 차단을 부탁하려고

02 밑줄 친 "steps"의 의미와 가장 가까운 것은?

① movements
② actions
③ levels
④ stairs

수신: 클리프턴 군청
발신: Rachael Beasley
날짜: 6월 7일
제목: 주변 지역의 과도한 소음

관계자분께,

이 이메일이 잘 전달되기를 바랍니다. 저는 우리 동네의 과도한 소음, 특히 새 운동장에서 발생하는 소음에 대한 우려와 불만을 표하기 위해 이 글을 씁니다.

저는 클리프턴 지역의 주민으로서 항상 우리 커뮤니티의 평화에 감사해 왔습니다. 그러나 계속되는 소음 방해로 인해 제 가족의 안녕과 전반적인 삶의 질에 큰 영향을 미치고 있습니다. 소음의 원인으로는 관중의 환호, 선수들의 고함, 호루라기 소리, 공이 부딪치는 소리 등이 있습니다.

이 문제를 조사하여 소음 방해를 해결하기 위한 적절한 조치를 취해 주시기를 부탁드립니다. 이 문제에 관심을 가져 주셔서 감사드리며, 우리 동네의 평온을 되찾을 수 있도록 신속하게 대응해 주심에 (미리) 감사드립니다.

진심을 담아,
Rachael Beasley 드림

01 윗글의 목적으로 가장 적절한 것은?

① 체육대회 소음에 대해 주민들의 양해를 구하려고
② 새로 이사 온 이웃 주민의 소음에 대해 항의하려고
③ 인근 스포츠 시설의 소음에 대한 조치를 요청하려고
④ 밤시간 악기 연주와 같은 소음의 차단을 부탁하려고

문제 풀이법

글의 소재를 추론할 수 있는 Subject(Excessive Noise in the Neighborhood)를 통해 주변 지역의 과도한 소음으로 불평하는 상황임을 알 수 있다. 또한 이메일 초반부의 글의 목적을 나타내는 표현(I am writing to express ~)에서 새 운동장에서 발생하는 과도한 소음에 대한 불만을 표하기 위해 글을 쓴다는 것으로 보아 인근 스포츠 시설의 소음에 대한 조치를 요청하기 위함이 글의 목적임을 알 수 있다. 따라서 정답은 ③ '인근 스포츠 시설의 소음에 대한 조치를 요청하려고'이다.

오답 확인

① 체육대회 소음에 대해 주민들의 양해를 구하려고 → 소음에 대한 불평을 나타내는 내용이지 양해를 구하는 내용이 아니므로 오답이다.
② 새로 이사 온 이웃 주민의 소음에 대해 항의하려고 → 새로 이사 온 이웃 주민에 대한 언급이 없으므로 오답이다.
④ 밤시간 악기 연주와 같은 소음의 차단을 부탁하려고 → 밤에 악기를 연주한다는 내용은 없으므로 오답이다.

02 밑줄 친 "steps"의 의미와 가장 가까운 것은?

① movements
② actions
③ levels
④ stairs

문제 풀이법

밑줄 친 단어 steps를 포함한 문장에서 소음 방해를 해결하기 위한 조치를 취해달라고 요청하고 있으므로, steps의 의미와 가장 가까운 것은 ② 'actions'이다.

오답 확인

① movements → step에 움직임이라는 의미가 있으나, 적절한 움직임을 취해달라는 말은 어색하므로 오답이다.
③ levels → step에 수준, 단계라는 의미가 있으나, 적절한 수준을 취해 달라는 말은 어색하므로 오답이다.
④ stairs → step에 계단이라는 의미가 있으나, 적절한 수준을 취해 달라는 말은 어색하므로 오답이다.

어휘 district office 군청 excessive 과도한 frustration 불만 sports field 운동장 resident 주민 appreciate 고마워하다 ongoing 계속되는 disturbance 방해 significantly 크게, 심하게 impact 영향을 미치다; 충돌 well-being 안녕, 행복, 복지 address 해결하다 prompt 신속한 response 대응, 응답 restore 되찾다 tranquility 평온

정답/해설 p. 19

Actual Test

[01 ~ 02] 다음 글을 읽고 물음에 답하시오.

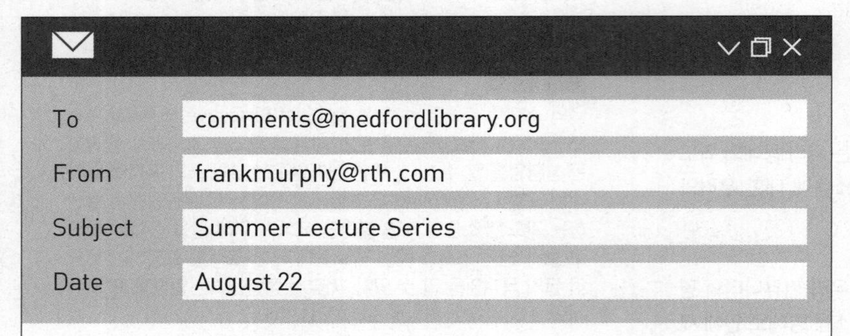
To comments@medfordlibrary.org
From frankmurphy@rth.com
Subject Summer Lecture Series
Date August 22

Dear Sir/Madam,

My name is Frank Murphy, and I have been a longtime supporter of the Medford Library. I also attempt to attend every special event held at the library.

I was present for the talk by Clarice Thompson on August 21. I would like to inform you that Ms. Thompson's lecture was highly educational and easily the best of the talks I have attended thus far this year. I also appreciated the fact that Ms. Thompson tried to answer as many questions as she could from the audience. I had the privilege to inquire about a point she made in her chat, to which she provided a comprehensive response.

I hope the library recruits more speakers like Ms. Thompson in the future. It will greatly increase the quality of the program and surely lead to higher attendance.

Sincerely,

Frank Murphy

01 위 이메일의 내용과 일치하지 않는 것은?

① Mr. Murphy visited the Medford Library in August.

② Ms. Thompson gave a lecture enjoyed by Mr. Murphy.

③ Mr. Murphy responded to Ms. Thompson's question.

④ Mr. Murphy hopes to see more speakers in the future.

02 밑줄 친 "privilege"와 의미가 가장 가까운 것은?

① duty

② right

③ pleasure

④ abundance

[03 ~ 04] 다음 글을 읽고 물음에 답하시오.

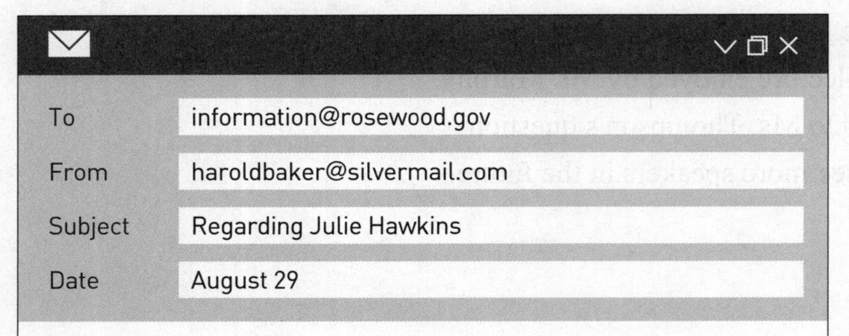

To	information@rosewood.gov
From	haroldbaker@silvermail.com
Subject	Regarding Julie Hawkins
Date	August 29

Dear Sir/Madam,

I am writing with regard to the outstanding performance of Julie Hawkins in the Economic Development Department at Rosewood City Hall. She recently provided me with the assistance necessary to receive needed funding.

I was made aware that the city was offering grants to business owners. However, I was unsure if my business qualified for assistance. After discussing the situation with Ms. Hawkins by telephone, she assured me that my business, Good Times Books, was eligible for government backing.

When I visited City Hall, Ms. Hawkins directed me through the application process. One week later, funds were deposited in my account.

My efforts would not have resulted in a desired outcome if it had not been for Ms. Hawkins. She is a credit to her department, and I hope to work with her again in the future.

Regards,

Harold Baker
Owner, Good Times Books

03 윗글의 목적으로 가장 적절한 것은?

① 시청에서 담당자와 예약을 잡으려고
② 지원금 신청 절차를 설명하려고
③ 추가 정부 지원금을 요청하려고
④ 한 개인의 행동을 칭찬하려고

04 밑줄 친 "directed"의 의미와 가장 가까운 것은?

① guided
② referred
③ targeted
④ commanded

[05 ~ 06] 다음 글을 읽고 물음에 답하시오.

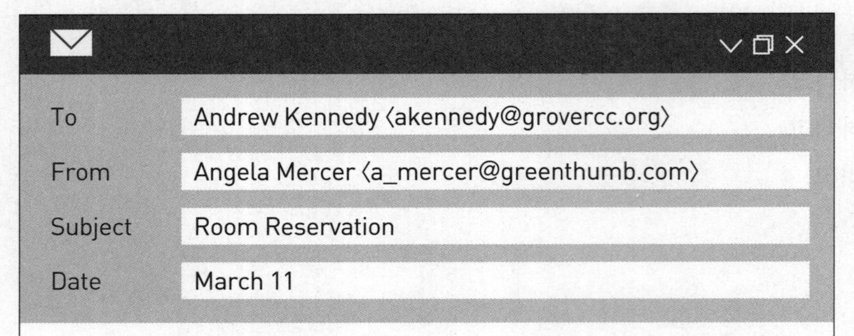

To Andrew Kennedy 〈akennedy@grovercc.org〉
From Angela Mercer 〈a_mercer@greenthumb.com〉
Subject Room Reservation
Date March 11

Dear Mr. Kennedy,

This is Angela Mercer from Green Thumb. I communicated with you last year when booking a room at the Grover Community Center. I am interested in doing the same thing again.

At last year's event, my lecture on gardening tips was extremely well received. More than thirty people attended, which was twice the number I had expected. Already, several customers have inquired about when I will speak again.

I would therefore like to reserve a room on Saturday, March 29, from 3:00 P.M. to 5:00 P.M.. Do you have any rooms that can fit fifty people? In addition, can you arrange a microphone and a screen, please? I will be showing pictures from my laptop computer.

Please let me know how much the fee is, and I will transfer the money immediately.

Regards,

Angela Mercer

05 위 이메일의 내용과 일치하지 않는 것은?

① Ms. Mercer spoke at the community center last year.
② Some have been asking when Ms. Mercer will hold a lecture.
③ Ms. Mercer hopes to reserve a room to speak in March.
④ Ms. Mercer has already transferred the necessary payment.

06 밑줄 친 "fit"의 의미와 가장 가까운 것은?

① hold
② shape
③ qualify
④ consist

[07 ~ 08] 다음 글을 읽고 물음에 답하시오.

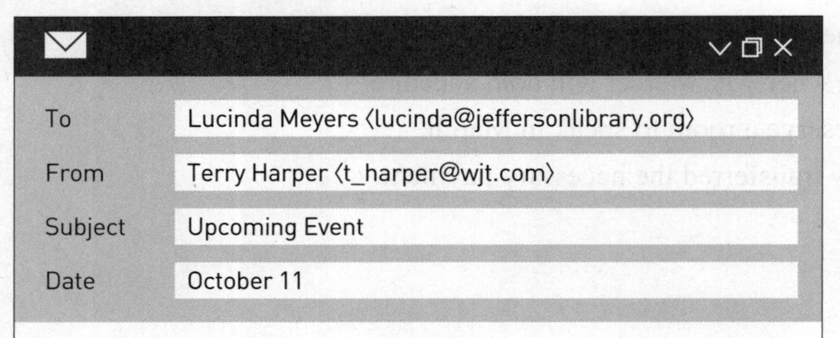

To: Lucinda Meyers ⟨lucinda@jeffersonlibrary.org⟩
From: Terry Harper ⟨t_harper@wjt.com⟩
Subject: Upcoming Event
Date: October 11

Dear Ms. Meyers,

I was informed by an acquaintance of mine that the Jefferson Library will be hosting a meeting of the local book club soon. Unfortunately, I was unable to find any information about it on your website.

I recently moved to Jefferson City from New York. I am an avid reader of books, particularly novels, and am enthusiastic about meeting people with like interests. That is why I am so interested in attending the upcoming meeting.

Would you please let me know if my friend was correct? If there is a meeting, when and where will it be held? I would appreciate a swift response so that I can arrange my schedule to ensure that I can be in attendance. Please respond via email.

Sincerely,

Terry Harper

07 위 이메일의 내용과 일치하는 것은?

① 곧 있을 북클럽 모임 정보가 제퍼슨 도서관 웹사이트에 있다.
② Harper 씨는 현재 뉴욕에서 거주하고 있다.
③ Harper 씨는 북클럽 모임에 참석하고자 한다.
④ Harper 씨는 답장을 전화로 회신받기를 원한다.

08 밑줄 친 "like"와 의미가 가장 가까운 것은?

① preferred
② admirable
③ welcome
④ similar

[09 ~ 10] 다음 글을 읽고 물음에 답하시오.

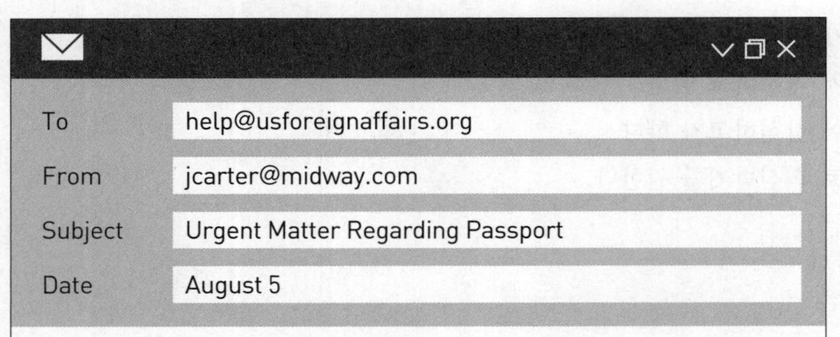

To
help@usforeignaffairs.org
From
jcarter@midway.com
Subject
Urgent Matter Regarding Passport
Date
August 5

To Whom It May Concern,

My name is Justin Carter, and I am a current resident of Nashville. I need to urgently request guidance on how to quickly obtain a new passport, as I have lost my current passport and need to travel to Spain in a few days on business.

I visited the local district office yesterday, but they informed me that they could not process emergency passports. They suggested that I reach the office of foreign affairs for further assistance and gave me your email.

Please let me know the steps I need to follow and any documents I need to provide to expedite the passport issuance. I am available to visit your office or any other location immediately if required.

I look forward to your guidance and support.

Regards,

Justin Carter

09 윗글의 목적으로 가장 적절한 것은?

① 여권 발급 비용을 낮춰달라고 요청하려고
② 새 여권을 빠르게 발급할 방법을 문의하려고
③ 잃어버린 여권을 취득한 사람이 있는지 알아보려고
④ 해외여행 결격 사유에 어떤 것이 있는지 물어보려고

10 밑줄 친 "reach"와 의미가 가장 가까운 것은?

① arrive
② extend
③ achieve
④ contact

[11 ~ 12] 다음 글을 읽고 물음에 답하시오.

To
Kevin Carlyle ⟨kevin_c@richmondpower.org⟩
From
Susannah Morris ⟨susannah@nto.com⟩
Subject
A Problem with Richmond Power
Date
October 23

Dear Mr. Carlyle,

I am writing to you because you are the individual at Richmond Power responsible for handling customer complaints. I wish to report my dissatisfaction with the large number of times the electricity has gone out in my neighborhood lately.

I reside at 36 Apple Boulevard in the Coldwater neighborhood. During the past two weeks, the power on my street has gone out no fewer than seven times. These service disruptions have been especially inconvenient because they have typically occurred in the evenings and thereby <u>interrupted</u> various family activities.

The customer service representative with whom I have spoken has insisted there are no problems with the electric wires on my street. Nevertheless, I request that you send a work crew to my street to inspect the lines this week. More power outages simply cannot be allowed to happen.

Regards,

Susannah Morris

11 Susannah Morris가 이메일을 쓴 목적으로 가장 적절한 것은?

① To complain about recent power outages

② To state that her power bills are too high

③ To ask for more streetlights to be installed

④ To request that a work crew visit her office

12 밑줄 친 "interrupted"와 의미가 가장 가까운 것은?

① met

② delayed

③ annoyed

④ disturbed

UNIT
08 안내문

HOW TO SOLVE

안내문은 1지문에 2문제가 출제되며 지문 난도는 낮을 것으로 예상된다. 지방자치단체나 정부 기관에서 주최하는 행사 관련 지문이 출제될 가능성이 크며, 일정, 장소, 비용, 주의 사항 등과 관련된 정보가 언급된다. 출제 기조 전환 예시 문항에서 ① 글의 제목과 ② 불일치 문항이 출제되었으나, 주제/목적, 일치, 또는 동의어를 묻는 문제 또한 출제될 수 있다. 안내문 지문은 주제 → 세부 사항 → 추가 정보/유의 사항 순으로 글이 전개된다.

1 초반부에서 글의 목적/주제/제목을 확인할 수 있다.

안내문에서는 행사 등의 목적/주제/제목을 묻는 문제가 출제될 수 있으며, 대개 지문 초반부에 정답의 힌트가 있다. 이때 주의할 점은 오답 선지들도 글에서 언급된 단어들로 구성된다는 것이다. 따라서 개별 단어에 집중하기보다는 선지의 전체적인 뜻을 파악해야 한다.

주제/목적을 나타내는 표현

- Join us for (~에 참여하세요)
- We are pleased to ~ (저희는 ~하게 되어 기쁩니다)
- This is an event that ~ (이것은 ~하는 행사입니다)
- This event will be held to ~ (이 행사는 ~하기 위해 개최됩니다)

2 안내문의 내용 일치/불일치는 키워드로 접근하라.

보통 선지는 지문에서 해당 내용이 언급된 순서대로 제시된다. 안내문의 세부 사항을 묻기 때문에, 본문과 선지를 반드시 1:1 대조하면서 꼼꼼하게 풀어야 한다. 행사 유형에서 자주 출제되는 표현, 즉 키워드들을 익혀두어야 쉽게 풀리는 경우가 있으므로 관련 표현은 미리 암기해야 한다.

❶ 안내문 메인 키워드

- Details (세부 사항)
- When/Dates (일정)
- Times/Opening hours ((운영) 시간)
- Where/Location (장소)
- Highlights/Features (볼거리/특징)
- Registration/How to register (등록 방법)
- Registration fee/Participation fee/Price/Cost (비용)
- Reminder/Note/Notice/※ (주의[참고] 사항)
- Contact (연락처)

❷ 세부 정보 키워드

인원	• be capped at (~까지 상한인)	• limited to ~ persons (~명으로 한정된)
등록 방법	• in-person (직접) • at the door (현장에서)	• walk-in (예약 없는 방문) • book in advance (미리 예약하기)
비용	• free of charge (무료) • per person (인당)	• free admission (무료 입장)
기타 조건	• first-come, first-served (선착순) • by invitation only (초대를 받은 사람만) • due/no later than (적어도 ~까지) • while supplies last (재고가 있을 때까지) • RSVP (회신 바람)	• rain or shine (날씨와 상관없이) • exclusive event (소수를 위한 행사) • until further notice (추후 안내 전까지) • sold out (매진된)
날짜/기간/숫자	• annual (매년의) • only for a week (일주일 동안만) • twice a month (한 달에 두 번) • every two years (2년마다)	• decade (10년) • every other week (격주마다) • once a year (1년에 한 번) • one-day/two-day tickets (1일/2일 입장표)
연락 방법	• visit us at www.abc.com (이 웹사이트를 방문하세요) • contact us at (111) 222-3333 (여기로 전화 주세요)	

❸ 빈출 어휘

booth/stall	부스/가판대	venue	장소
fundraiser/benefit	모금 행사/자선 행사	exhibit	전시
attraction	명소, 즐길 거리	wait(ing) list	대기자 명단
cap	상한을 정하다	capacity	정원
upcoming	다가오는	annual/yearly	연례의
tasting	시음	refreshments	다과, 간식
reminder	주의	postpone	연기하다
host/organize	주최하다/조직하다	kick-off	개시, 시작
wrap up	마무리	cater	음식을 공급하다
dress code	복장 규정	keynote speaker	기조 연설자
meet and greet	만남과 대화의 행사	break/intermission	휴식 시간

오답을 피하는 법

1 참고 사항에 유의하라.

글 맨 아래에 Reminder, Please note, ※ 등의 표지로 참고 사항을 안내하는 경우가 있다. 흔한 출제 포인트이기 때문에 꼭 표시해 둬야 한다.

2 세부 사항 중 날짜, 요일, 시간, 장소, 비용은 체크 표시한 뒤 선지와 1:1 대조하라.

세부 사항이 간단명료해서 오히려 대충 훑다가 틀리는 경우가 있다. 방심하지 말고 반드시 선지와 1:1 대조하면서 꼼꼼하게 풀어야 한다.

출제 기조 전환 예시 문제

(A) …… 제목

We're pleased to announce the upcoming City Harbour Festival, an annual event that brings our diverse community together to celebrate our shared heritage, culture, and local talent. Mark your calendars and join us for an exciting weekend! …… 행사 소개

Details …… 세부 사항

- **Dates**: Friday, June 16 - Sunday, June 18 -날짜
- **Times**: 10 : 00 a.m. - 8 : 00 p.m. (Friday & Saturday) -시간
  10 : 00 a.m. - 6 : 00 p.m. (Sunday)
- **Location**: City Harbour Park, Main Street, and surrounding areas -장소

Highlights …… 특징

- **Live Performances** -라이브 공연
  Enjoy a variety of live music, dance, and theatrical performances on multiple stages throughout the festival grounds.

- **Food Trucks** -푸드 트럭
  Have a feast with a wide selection of food trucks offering diverse and delicious cuisines, as well as free sample tastings.

For the full schedule of events and activities, please visit our website at www.cityharbourfestival.org or contact the Festival Office at (552) 234-5678. …… 추가 정보

01 (A)에 들어갈 윗글의 제목으로 가장 적절한 것은?

① Make Safety Regulations for Your Community
② Celebrate Our Vibrant Community Events
③ Plan Your Exciting Maritime Experience
④ Recreate Our City's Heritage

02 City Harbour Festival에 관한 윗글의 내용과 일치하지 않는 것은?

① 일 년에 한 번 개최된다.
② 일요일에는 오후 6시까지 열린다.
③ 주요 행사로 무료 요리 강습이 진행된다.
④ 웹사이트나 전화 문의를 통해 행사 일정을 알 수 있다.

(A)

우리의 공유된 유산과 문화, 지역 인재들을 기념하기 위해 다양한 지역사회를 한데 모으는 연례 행사인, 다가오는 도시 항구 축제를 알려드리게 되어 기쁩니다. 달력에 표시해 두시고 저희와 신나는 주말을 함께하세요!

세부 사항

- **날짜**: 6월 16일 금요일 - 6월 18일 일요일
- **시간**: 오전 10시 - 오후 8시 (금요일과 토요일)
  오전 10시 - 오후 6시 (일요일)
- **장소**: 도시 항구 공원, 중심가 및 주변 지역

볼거리

- **라이브 공연**
  축제장 곳곳에 마련된 여러 무대에서 다양한 라이브 음악, 댄스, 연극 공연을 즐겨보세요.

- **푸드 트럭**
  무료 시식뿐만 아니라 다양하고 맛있는 요리를 제공하는, 다양하게 엄선된 푸드 트럭과 축제를 함께 하세요.

전체 행사 및 활동 일정을 확인하시려면, 저희 웹사이트 www.cityharbourfestival.org를 방문하시거나 (552) 234-5678로 저희 축제 사무국에 연락해 주세요.

01 (A)에 들어갈 윗글의 제목으로 가장 적절한 것은?

① Make Safety Regulations for Your Community
② Celebrate Our Vibrant Community Events
③ Plan Your Exciting Maritime Experience
④ Recreate Our City's Heritage

문제 풀이법

제목을 묻는 문제의 정답 힌트는 지문 초반부에 있다. 목적을 나타내는 표현(We're pleased to ~)에서 다양한 지역 사회를 한데 모으는 연례 행사인 다가오는 도시 항구 축제를 알려주게 되어 기쁘다고 언급하고 있는 것을 보아 지역 공동체 행사를 소개하는 내용이 제목으로 가장 적절하다. 따라서 정답은 ② 'Celebrate Our Vibrant Community Events(우리의 활기찬 지역 공동체 행사를 맞이하세요)'이다.

오답 확인

① 당신의 지역사회를 위한 안전 규정을 만드세요 → 안전 규정에 관한 내용이 아니므로 오답이다.
③ 흥미진진한 해양 체험을 계획하세요 → 지문의 항구를 보고 헷갈릴 수 있으나, 해양 체험에 관한 내용이 아니므로 오답이다.
④ 우리 도시의 유산을 재창조하세요 → 지문의 유산을 보고 헷갈릴 수 있으나, 유산을 재창조에 중점을 두는 행사가 아니므로 오답이다.

02 City Harbour Festival에 관한 윗글의 내용과 일치하지 않는 것은?

① 일 년에 한 번 개최된다.
② 일요일에는 오후 6시까지 열린다.
③ 주요 행사로 무료 요리 강습이 진행된다.
④ 웹사이트나 전화 문의를 통해 행사 일정을 알 수 있다.

문제 풀이법

일치하지 않는 것을 묻는 문제로 선지 순서가 지문의 흐름 순서와 같으므로 하나하나씩 대조해 나가며 문제를 풀어 나간다. 지문의 후반부에서 무료 시식을 제공한다는 언급이 있을 뿐 무료 요리 강습이 진행된다는 언급은 없다. 따라서 글의 내용과 일치하지 않는 것은 ③ '주요 행사로 무료 요리 강습이 진행된다.'이다.

오답 확인

① 일 년에 한 번 개최된다. → 글의 초반부에서 연례 행사임을 밝히고 있다.
② 일요일에는 오후 6시까지 열린다. → 세부 사항의 시간에서 언급되었다.
④ 웹사이트나 전화 문의를 통해 행사 일정을 알 수 있다. → 글의 마지막 단락에서 언급되었다.

어휘 upcoming 다가오는 harbour 항구 annual 연례의 heritage 유산 surrounding 주위의 theatrical performance 연극 a selection of 엄선된 cuisine 요리 sample tasting 시식 regulation 규칙 vibrant 활기찬 maritime 바다의

정답/해설 p. 22

Actual Test

[01 ~ 02] 다음 글을 읽고 물음에 답하시오.

Bake Sale at the Wilson Community Center

The Wilson Community Center is hosting its eleventh annual bake sale on Saturday, June 15, and Sunday, June 16. All local residents are encouraged to purchase some of the delicious cakes, cookies, cupcakes, and other sweets that will be available.

The bake sale will take place from 9:00 A.M. to 4:00 P.M. on Saturday and from 1:00 P.M. to 6:00 P.M. on Sunday. Items for sale will be available in front of the community center. Proceeds from the sale will be utilized to improve the center's facilities. In the event of severe weather, the sale will be held inside the community center.

Donations of baked goods to be sold are welcome. We would also like to thank Chet's Bakery and Donuts Galore for their generous contributions.

01 Bake Sale에 관한 윗글의 내용과 일치하지 않는 것은?

① 주민 누구나 참여가 권장된다.
② 일요일에는 오후에만 진행된다.
③ 악천후 시에는 취소된다.
④ 제빵집에서 기부를 받았다.

02 밑줄 친 "Proceeds"와 의미가 가장 가까운 것은?

① Results
② Rewards
③ Earnings
④ Progresses

PART 3 신유형 이해하기

[03 ~ 04] 다음 글을 읽고 물음에 답하시오.

Clermont Flower Festival to Begin Soon

The city of Clermont will once again be holding its annual flower festival for the twenty-seventh year in a row. Everyone is invited to attend to see all kinds of beautiful flowers.

Date: May 10-14
Time: 9:00 A.M. to 7:00 P.M. daily
Location: Bayside Park

Details: There will be more than 150 booths featuring flowers from around the world. See roses, carnations, lilacs, lilies, and more. Check out exotic flowers from Africa, South America, and Asia. There will be numerous flower displays, opportunities to purchase both flowers and seeds to grow your own, and classes on caring for flowers.

Tickets: Tickets cost $3 for adults and $1 for children twelve or under. Keep your ticket stub as it will allow you to enter every day of the festival.

More Information: Call (555) 864-4291 and ask to speak with Janet Worthington or visit www.clermontflowerfestival.org.

03 Flower Festival에 관한 윗글의 내용과 일치하는 것은?

① It was not held during the previous year.
② It will take place for more than one week.
③ It will feature flowers from various continents.
④ It charges visitors each day of the event.

04 밑줄 친 "caring for"와 의미가 가장 가까운 것은?

① planting
② admiring
③ waiting upon
④ looking after

[05 ~ 06] 다음 글을 읽고 물음에 답하시오.

(A)

Registration forms for the winter basketball league sponsored by the Heflin Community Center are now being accepted. There are plans for four leagues: boys ages 14 to 17; girls ages 14 to 17; men ages 18 and over; women ages 18 and over. The number of teams per league depends upon how many people register.

To sign up, visit the front desk at the Heflin Community Center. The registration period concludes on November 16. Team rosters will be announced on November 18. Practices will be held starting on November 20. The season will run from December 1 to February 15.

There is a $10 registration fee for community center members. Nonmembers must pay a $20 fee. Those interested in serving as coaches or referees should email Craig Murray at cmurray@heflincc.org. Please list your experience as well as the times you are available.

05 (A)에 들어갈 윗글의 제목으로 가장 적절한 것은?

① Sport Classes for the Elderly
② Sign Up to Play Winter Basketball
③ Enjoy a Variety of Sports at Our Center
④ Come and Get Training to Become a Coach

06 밑줄 친 "run"과 의미가 가장 가까운 것은?

① begin
② work
③ last
④ jog

[07 ~ 08] 다음 글을 읽고 물음에 답하시오.

(A)

After a three-year break, "Shakespeare in the Park" will resume in Centerville beginning in July. All of the plays will be held on the outdoor stage in the eastern section of Glascow Park. The performances will be put on by the King's Men, a local group of Shakespearean performers.

The following plays are scheduled:

Date	**Performance**
Saturday, July 10	*A Midsummer Night's Dream*
Saturday, July 24	*Othello*
Sunday, August 8	*All's Well That Ends Well*
Sunday, August 22	*Much Ado about Nothing*

Attendance at each event is free, but donations are accepted. Seats are limited, so audience members are encouraged to bring their own chairs or blankets if they wish to sit on the grass. Food and beverages will be sold by vendors in the park. In the event of rain, the affected play will be held the following week.

07 (A)에 들어갈 윗글의 제목으로 가장 적절한 것은?

① Shakespeare in the Park Is Returning
② Shakespeare Book Readings in Centerville
③ Recruiting Directors for Shakespeare Plays
④ Don't Miss the Chance to Audition for a Play

08 윗글에서 언급된 행사 내용과 일치하지 않는 것은?

① It will involve the performing of four plays.
② It does not require attendees to pay money.
③ It does not provide enough chairs for everyone.
④ It will be held the next day in case of rain.

[09 ~ 10] 다음 글을 읽고 물음에 답하시오.

(A)

The Salem Community Center is excited to be holding its first ever "Meet Your Neighbor Potluck Dinner." As the population of Salem has increased rapidly lately, this event should give local residents the opportunity to meet your neighbors and to make new friends.

Date: Saturday, September 18
Time: 4:00 P.M. to 8:00 P.M.
Location: Salem Community Center

Who Is Welcome: All local residents are invited to attend. Show up with your entire family. The more, the merrier.

What to Bring: Each family or individual should bring a homemade dish to share with the other attendees. Soups, salads, entrées, appetizers, and desserts are all welcome. Please bring disposable plates, bowls, and utensils if consuming your dish requires them. Drinks and napkins will be provided by the community center.

We look forward to seeing as many of you as possible on September 18.

09 (A)에 들어갈 윗글의 제목으로 가장 적절한 것은?

① Learn How to Cook Different Cuisines
② Gather for Dinner with Your Neighbors
③ Volunteer to Provide Food for Those in Need
④ Food Contest: Which Homemade Dish Is the Best?

10 밑줄 친 "consuming"과 의미가 가장 가까운 것은?

① using
② eating
③ spending
④ removing

[11 ~ 12] 다음 글을 읽고 물음에 답하시오.

Hopewell City Council Meeting

All residents of Hopewell are encouraged to attend the Hopewell City Council meeting next Thursday, April 28, at 6:00 PM. All five city council members as well as Mayor Anthony Nelson will be in attendance.

The items on the agenda for next week's meeting are the repair of city roads, plans for the empty lot at 52 Shamrock Road, and a proposal to raise the city's property taxes.

Attendees are welcome to make comments and to ask questions. Each individual may use up to three minutes when doing so. This time limit will ensure that everyone who wants to speak has that opportunity. Those who cannot attend but would like to comment or make an inquiry may do so by visiting www.hopewellcity.gov/comments.

Attendees are reminded to be respectful of those with differing opinions and to engage in polite discourse at all times.

11 윗글의 목적으로 가장 적절한 것은?

① To invite people to a local council meeting
② To announce the change in council members
③ To notify residents of a change in a meeting time
④ To request opinions on agenda items for a meeting

12 Council meeting에 관한 윗글의 내용과 일치하지 않는 것은?

① 목요일 저녁에 열린다.
② 논의될 주제들이 결정되어 있다.
③ 참석자의 발언 시간은 제한되어 있다.
④ 참석할 수 없는 경우 이메일로 의견을 남길 수 있다.

UNIT 09

웹페이지 글

HOW TO SOLVE

웹페이지 글의 경우 출제 기조 전환 예시 문항에서는 2지문에 각각 1문제씩 총 2문제의 일치/불일치가 출제되었다. 글의 소재는 인터넷에서 확인할 수 있는 각 정부 부처의 역할 또는 디지털 공공 서비스(앱 또는 서비스)에 관한 지문이 나올 수 있다. 웹페이지 글의 일치/불일치 문제는 기존의 일치/불일치 문제 유형과 푸는 방식이 동일하다. 선지는 대개 지문에 언급된 순서대로 제시되므로 이 점을 기억하면 문제를 더 빨리 풀 수 있다. 단, 웹페이지 글에는 일치/불일치 문제 외에도 동의어 문제 등이 추가로 출제될 가능성도 있음에 유의한다.

1 선지는 지문에 언급된 순서대로 나온다.

출제 기조 전환 예시의 웹페이지 글의 일치/불일치를 묻는 문제에서도 선지가 본문에 언급된 순서대로 제시되었다. 지문의 순서와 선지의 순서가 똑같이 제시되므로 지문과 선지를 대조하며 문제를 풀어나가는 것이 관건이다.

2 선지에서 핵심 단어(명사 중심)를 찾아라.

선지를 볼 땐 본문에서 우리가 찾아야 할 핵심 어휘, 특히 명사를 살펴보아야 한다. 명사 중에서 특히 고유명사와 숫자는 눈에도 잘 띄고 본문에도 반드시 언급되기 때문에 우선적으로 봐야 한다.

3 본문의 전체 내용을 파악하라.

가끔 정답 선지가 본문 전체를 이해해야만 답으로 나오는 경우가 있다. 따라서 본문 전체의 내용 흐름에도 신경 써야 한다.

오답을 피하는 법

1 선지의 내용 중 일부분이 본문에 언급되었다고 해서 무조건 내용이 일치하는 것이 아니며 그 선지의 나머지 내용까지도 다 일치하는지 자세하게 살펴봐야 한다.

2 'A에 대해 일치하는/일치하지 않는' 것을 물을 때는 혹시 선지가 A가 아닌 다른 것에 대한 내용은 아닌지 확인해야 한다.

3 always(항상), usually(보통) 또는 both(둘 다), all/every(모두/모든), only(~뿐)과 같은 표현이 선지에 쓰일 경우, 틀린 진술일 가능성이 크므로 조심해야 한다.

Further Study

웹페이지 글 출제 예상 소재

❶ 대표 중앙행정기관 명칭

- Ministry of Personnel Management 인사혁신처
- Ministry of Government Legislation 법제처
- Ministry of Food and Drug Safety 식품의약품안전처
- Ministry of Economy and Finance 기획재정부
- National Tax Service 국세청
- Korea Customs Service 관세청
- Statistics Korea 통계청
- Ministry of Justice 법무부
- Ministry of Culture, Sports and Tourism 문화체육관광부
- Korea Forest Service 산림청
- Korea Intellectual Property Office 특허청
- Ministry of Health and Welfare 보건복지부
- Korea Disease Control and Prevention Agency 질병관리청
- Ministry of Environment 환경부
- Korea Meteorological Administration 기상청
- Ministry of Employment and Labor 고용노동부
- Ministry of Land, Infrastructure, and Transport 국토교통부
- Ministry of SMEs and Startups 중소벤처기업부

❷ 디지털 공공서비스

- Digital Tax Filing Systems 디지털 세금 신고 시스템
- E-Government Services 전자정부 서비스
- Public Health Apps 공중 보건 앱
- Digital Identity Verification 디지털 신원 확인
- E-Passport Systems 전자여권시스템
- Online Crime Reporting 온라인 범죄 신고
- Environmental Monitoring Apps 환경 모니터링 앱
- Digital Legislative Tracking 디지털 공공 기록 접근
- Online Social Welfare Applications 온라인 사회복지 신청
- Emergency Alert Systems 비상 경보 시스템
- Library Mobile Apps 도서관 모바일 앱

출제 기조 전환 예시 문제

01 Enter-K 앱에 관한 다음 글의 내용과 일치하지 않는 것은?

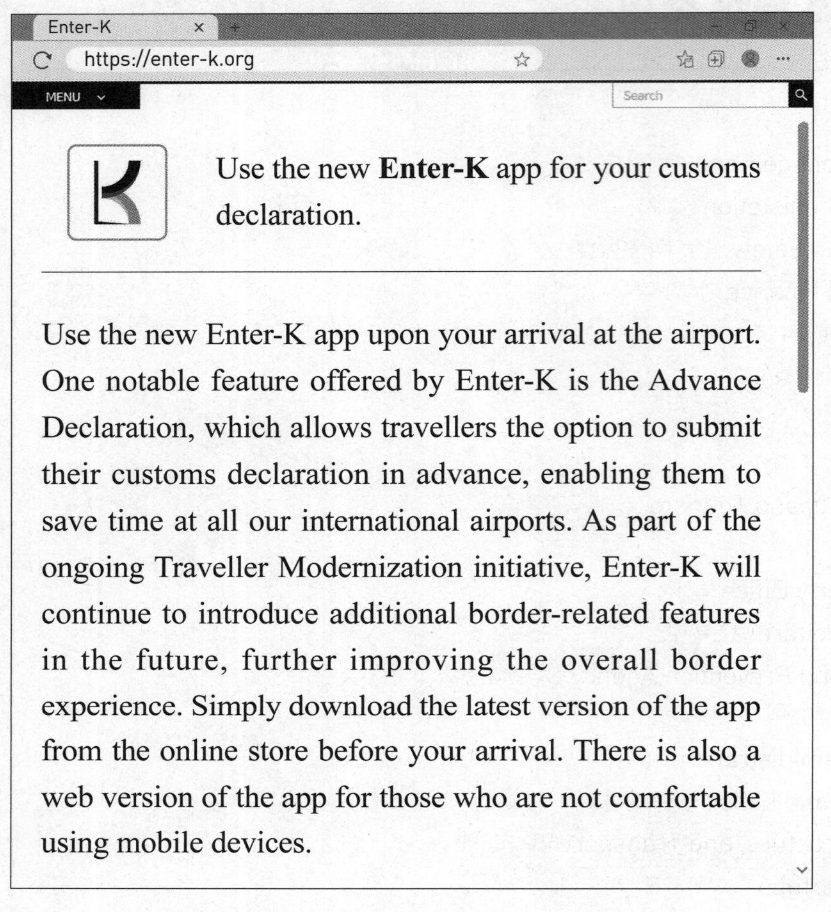

Enter-K
https://enter-k.org
MENU
Search
Use the new **Enter-K** app for your customs declaration.
Use the new Enter-K app upon your arrival at the airport. One notable feature offered by Enter-K is the Advance Declaration, which allows travellers the option to submit their customs declaration in advance, enabling them to save time at all our international airports. As part of the ongoing Traveller Modernization initiative, Enter-K will continue to introduce additional border-related features in the future, further improving the overall border experience. Simply download the latest version of the app from the online store before your arrival. There is also a web version of the app for those who are not comfortable using mobile devices.

① It allows travellers to declare customs in advance.
② More features will be added later.
③ Travellers can download it from the online store.
④ It only works on personal mobile devices.

세관 신고 시 새로운 Enter-K 앱을 사용하세요.

공항에 도착할 때 새로운 Enter-K 앱을 사용하세요. Enter-K에서 제공하는 주목할 만한 기능 중 하나는 여행자가 세관 신고서를 미리 제출할 수 있는 사전 신고 기능으로, 모든 국제공항에서 시간을 절약할 수 있도록 합니다. 현재 진행 중인 여행자 현대화 계획의 일환으로 Enter-K는 향후 국경 관련 기능을 지속적으로 추가 도입하여 전반적인 국경 경험을 더욱 개선할 예정입니다. 도착하기 전에 온라인 스토어에서 최신 버전의 앱을 다운로드하세요. 모바일 기기 사용에 익숙하지 않은 분들을 위한 이 앱의 웹 버전도 있습니다.

① It allows travellers to declare customs in advance.
② More features will be added later.
③ Travellers can download it from the online store.
④ It only works on personal mobile devices.

문제 풀이법

선지는 지문의 순서대로 나오므로, 선지와 지문을 일대일로 대조하며 문제를 풀어나간다. 마지막 문장에서 모바일 기기 사용에 익숙하지 않은 사람들을 위해 앱의 웹 버전이 있다고 언급된다. 따라서 글의 내용과 일치하지 않는 것은 ④ '개인 모바일 기기에서만 작동한다.'이다.

오답 확인

① 여행자가 미리 세관을 신고할 수 있게 해준다. → 2번째 문장에서 언급된 내용이다.
② 추후 더 많은 기능이 추가될 예정이다. → 3번째 문장에서 언급된 내용이다.
③ 여행자는 온라인 스토어에서 그것을 다운로드할 수 있다. → 마지막에서 2번째 문장에서 언급된 내용이다.

어휘 customs declaration 세관 신고 arrival 도착 notable 주목할 만한 submit 제출하다 in advance 사전에 enable 가능하게 하다 ongoing 계속 진행 중인 initiative 계획 border 국경 feature 기능 overall 전반적인 declare (세관에 과세 물품을) 신고하다

정답/해설 p. 25

Actual Test

01 Voter registration에 관한 다음 글의 내용과 일치하지 않는 것은?

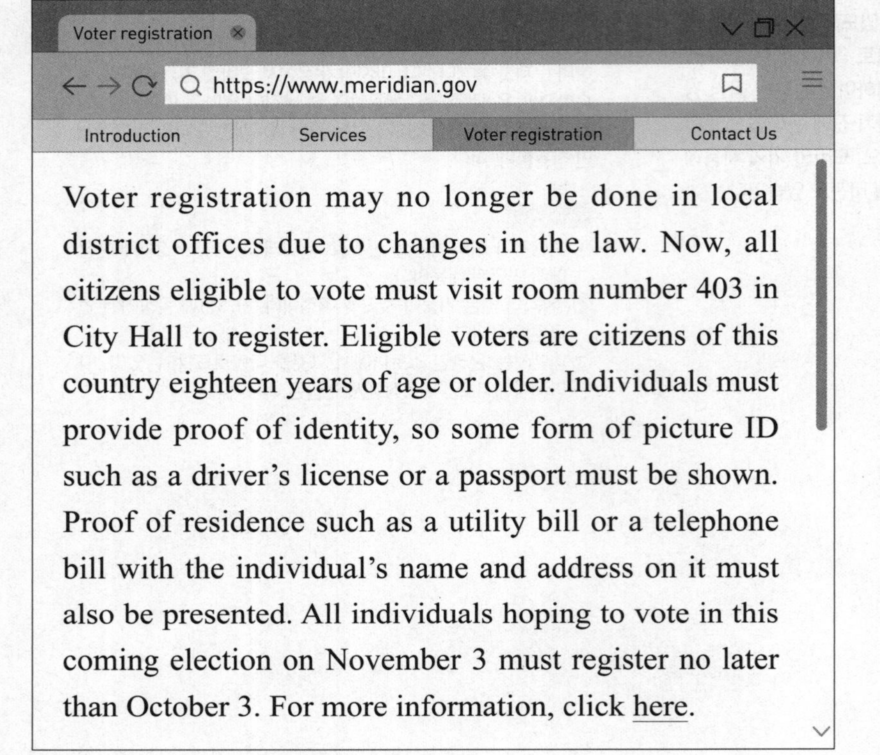

Voter registration may no longer be done in local district offices due to changes in the law. Now, all citizens eligible to vote must visit room number 403 in City Hall to register. Eligible voters are citizens of this country eighteen years of age or older. Individuals must provide proof of identity, so some form of picture ID such as a driver's license or a passport must be shown. Proof of residence such as a utility bill or a telephone bill with the individual's name and address on it must also be presented. All individuals hoping to vote in this coming election on November 3 must register no later than October 3. For more information, click here.

① 더 이상 지역 구청에서 할 수 없다.
② 시청을 방문하여 할 수 있다.
③ 거주지 증명은 필요하지 않다.
④ 유권자 등록은 선거 한 달 전에 해야 한다.

02 Centerville Library에 관한 다음 글의 내용과 일치하지 않는 것은?

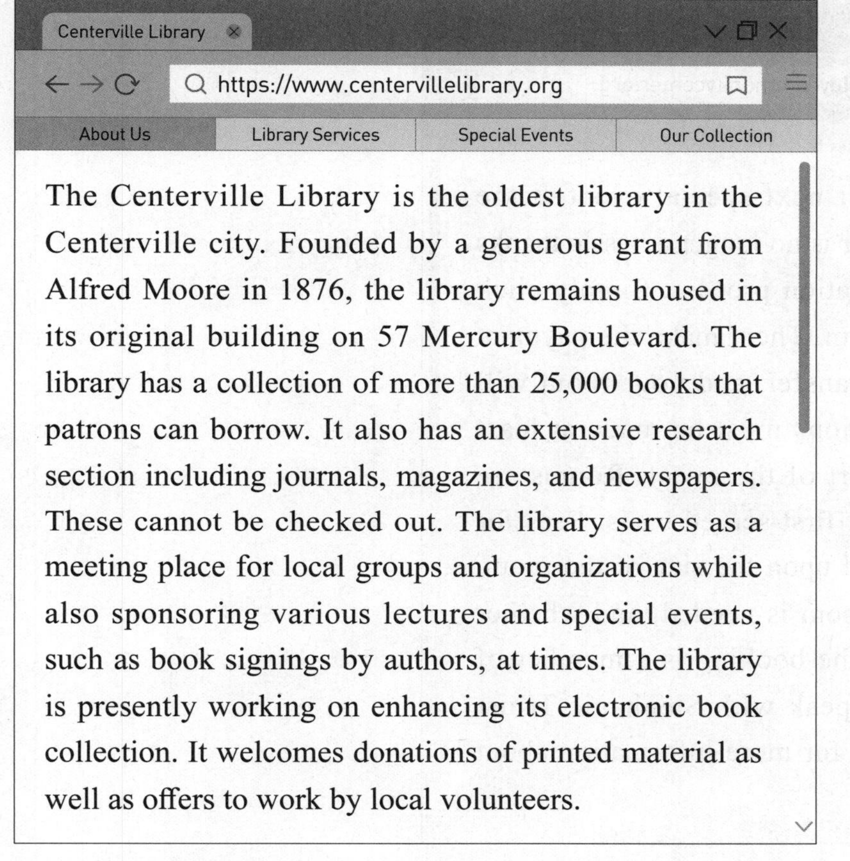

The Centerville Library is the oldest library in the Centerville city. Founded by a generous grant from Alfred Moore in 1876, the library remains housed in its original building on 57 Mercury Boulevard. The library has a collection of more than 25,000 books that patrons can borrow. It also has an extensive research section including journals, magazines, and newspapers. These cannot be checked out. The library serves as a meeting place for local groups and organizations while also sponsoring various lectures and special events, such as book signings by authors, at times. The library is presently working on enhancing its electronic book collection. It welcomes donations of printed material as well as offers to work by local volunteers.

① It was the first library in the city of Centerville.
② It contains material that cannot be borrowed.
③ It allows groups to hold meetings at it.
④ It does not accept volunteers at the moment.

03 다음 글의 내용과 일치하는 것은?

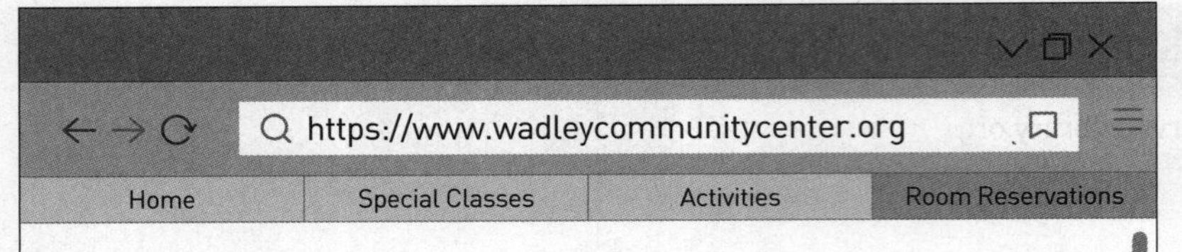

Booking a room for your next special event at the Wadley Community Center is no longer a hassle thanks to our new online registration process. Simply click here and complete the form. Then, make the payment by credit card or bank transfer, and your room will be reserved. All reservations must be made at least 24 hours prior to the start of the event. Rooms are available on a first-come, first-served basis. Fees for reserving rooms are based upon the size of the room, the amount of time the room is needed, and whether or not the person doing the booking is a member of the community center. Speak with Stephanie Truist at 555-0923 extension 55 for more information about payments.

① 직접 방문하여 예약해야 한다.
② 당일 예약도 가능하다.
③ 예약은 선착순으로 받는다.
④ 센터 회원만 객실 이용을 할 수 있다.

04 Daily Group Challenge에 관한 다음 글의 내용과 일치하지 않는 것은?

The Daily Group Challenge:
Your go-to platform for team motivation

The Daily Group Challenge app developed by the Cultural Affairs Division provides a way for teams to stay motivated together. Users can form or join groups to set and track daily goals, ranging from fitness challenges to productivity targets. Members can share photos and short clips to mark their accomplishments, track progress, and encourage one another. The app offers motivational tips, reminders, and detailed progress reports to help users set and achieve their personalized goals. You can access it on your mobile device or through the web version, which is now available with the release of the app's latest update.

① Users can either join existing groups or create their own.
② Images and videos can be shared for mutual encouragement.
③ Progress reports are available via email upon request.
④ The latest update includes access to the web version.

[05 ~ 06] 다음 글을 읽고 물음에 답하시오.

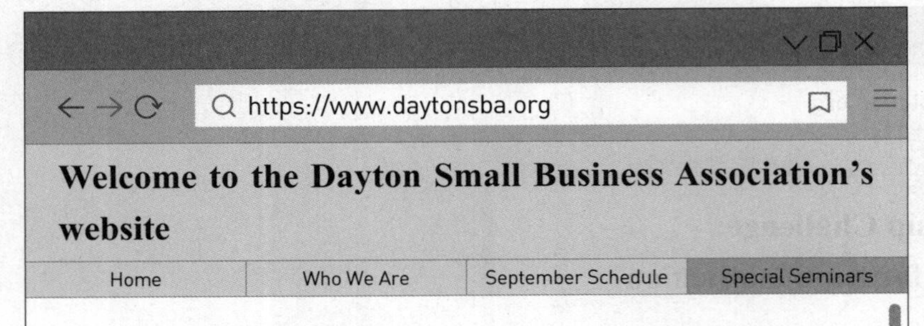

The Dayton Small Business Association (DSBA) is pleased to announce it is hosting a series of special seminars this October and November. There will be four events, which will take place on the first and third Saturdays of the two months from 4:00 to 6:00 P.M. The seminars will cover the following:

Date	Topic	Lecturer
October 5	Online Marketing	Leslie Dryden
October 19	Print Advertising Methods	Walter Chapman
November 2	Selling in Foreign Markets	Harold James
November 16	Operating a Social Media Page	Alice Powers

Each event costs $150 for DSBA members and $220 for nonmembers. Space is limited, so act quickly to reserve a spot. Group discounts for 10 or more people are available by contacting Julius Welsh at jwelsh@dsba.org.

05 DSBA에 관한 윗글의 내용과 일치하는 것은?

① 두 달 동안 매주 진행된다.
② 매회 다른 강사가 강연한다.
③ 회원은 무료로 참석할 수 있다.
④ 단체 할인은 적용되지 않는다.

06 밑줄 친 "cover"와 의미가 가장 가까운 것은?

① wrap
② conceal
③ concern
④ substitute

07 City Office의 신규 프로그램에 관한 다음 글의 내용과 일치하는 것은?

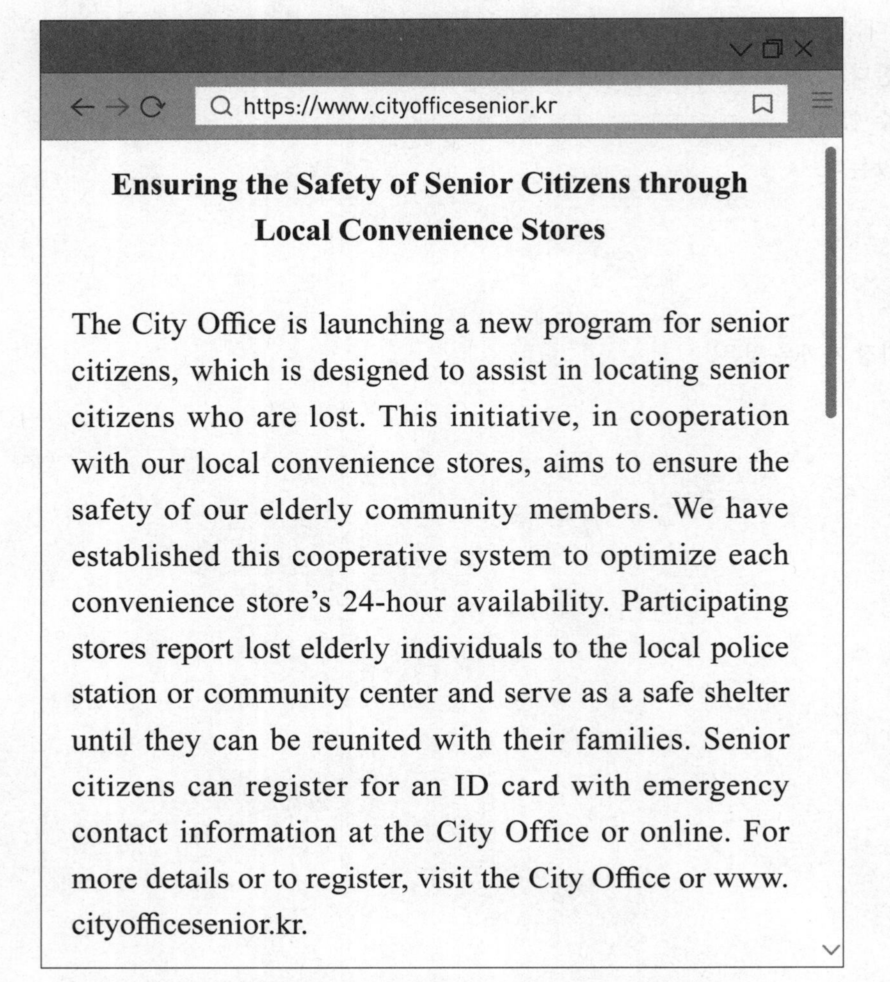

https://www.cityofficesenior.kr

Ensuring the Safety of Senior Citizens through Local Convenience Stores

The City Office is launching a new program for senior citizens, which is designed to assist in locating senior citizens who are lost. This initiative, in cooperation with our local convenience stores, aims to ensure the safety of our elderly community members. We have established this cooperative system to optimize each convenience store's 24-hour availability. Participating stores report lost elderly individuals to the local police station or community center and serve as a safe shelter until they can be reunited with their families. Senior citizens can register for an ID card with emergency contact information at the City Office or online. For more details or to register, visit the City Office or www.cityofficesenior.kr.

① It is a program to provide safe housing for seniors.
② It utilizes various products from convenience stores.
③ Stores protect lost seniors until their families come.
④ IDs with emergency contact information are issued only at police stations.

08 다음 글의 내용과 일치하지 않는 것은?* (2024, 국가직 9급)

The tragedies of the Greek dramatist Sophocles have come to be regarded as the high point of classical Greek drama. Sadly, only seven of the 123 tragedies he wrote have survived, but of these perhaps the finest is *Oedipus the King*. The play was one of three written by Sophocles about Oedipus, the mythical king of Thebes (the others being *Antigone* and *Oedipus at Colonus*), known collectively as the Theban plays. Sophocles conceived each of these as a separate entity, and they were written and produced several years apart and out of chronological order. *Oedipus the King* follows the established formal structure and it is regarded as the best example of classical Athenian tragedy.

① A total of 123 tragedies were written by Sophocles.
② *Antigone* is also about the king Oedipus.
③ The Theban plays were created in time order.
④ *Oedipus the King* represents the classical Athenian tragedy

*참고 사항: 2025년 출제 기조 전환 예시에서 일치/불일치 문제는 웹페이지 글 지문에서만 출제되었으나, 기존 유형의 일치/불일치 문제도 출제될 가능성이 있으므로 모든 지문에 대비하기 위해 08-10번을 수록하였다.

09 다음 글의 내용과 일치하지 않는 것은? (2023, 국가직 9급)

Are you getting enough choline? Chances are, this nutrient isn't even on your radar. It's time choline gets the attention it deserves. A shocking 90 percent of Americans aren't getting enough choline, according to a recent study. Choline is essential to health at all ages and stages, and is especially critical for brain development. Why aren't we getting enough? Choline is found in many different foods but in small amounts. Plus, the foods that are rich in choline aren't the most popular: think liver, egg yolks and lima beans. Taylor Wallace, who worked on a recent analysis of choline intake in the United States, says, "There isn't enough awareness about choline even among health-care professionals because our government hasn't reviewed the data or set policies around choline since the late '90s."

① A majority of Americans are not getting enough choline.
② Choline is an essential nutrient required for brain development.
③ Foods such as liver and lima beans are good sources of choline.
④ The importance of choline has been stressed since the late '90s in the U.S.

10 다음 글의 내용과 일치하는 것은? (2023, 국가직 9급)

> Around 1700 there were, by some accounts, more than 2,000 London coffeehouses, occupying more premises and paying more rent than any other trade. They came to be known as penny universities, because for that price one could purchase a cup of coffee and sit for hours listening to extraordinary conversations. Each coffeehouse specialized in a different type of clientele. In one, physicians could be consulted. Others served Protestants, Puritans, Catholics, Jews, literati, merchants, traders, Whigs, Tories, army officers, actors, lawyers, or clergy. The coffeehouses provided England's first egalitarian meeting place, where a man chatted with his tablemates whether he knew them or not.

① The number of coffeehouses was smaller than that of any other business.
② Customers were not allowed to stay for more than an hour in a coffeehouse.
③ Religious people didn't get together in a coffeehouse to chat.
④ One could converse even with unknown tablemates in a coffeehouse.

PART

4

글의 구조 파악하기

심슨독해
shimson reading

UNIT 10

소재 중심의 독해

HOW TO SOLVE

독해에서 가장 중요한 원칙은 **'One Paragraph, One Topic, One Idea'**이다.

1 소재 중심으로 글을 읽어야 한다.

'하나의 단락(**One Paragraph**)'에는 '하나의 소재(**One Topic**)'와 '하나의 필자의 견해(**One Idea**)'가 있다. 우리가 글을 읽을 때 **'이 글이 무엇에 관한 이야기인지(소재, Topic)'**를 놓치지 말아야 한다. 따라서 글의 도입부를 읽으며 소재를 파악하는 것이 중요하다.

2 연결사 중심의 독해가 되어야 한다.

연결사를 잘 보면 그 지문이 어떻게 전개될지 미리 알 수 있다. 따라서 글을 읽을 때 미리 연결사를 찾아두면 좋다. 특히 앞부분에 위치한 연결사를 미리 찾아두면 그 글의 단락 구조를 알 수가 있기 때문에, 예측 독해가 가능하다. 지문에 연결사가 없으면 두괄식 구조인 경우가 많다.

3 아래의 표현을 알아두면 소재 파악에 도움이 된다.

❶ S + V + that 소재 · 주제
❷ but/yet/however 소재 · 주제
❸ must/should/need to 소재 · 주제
❹ It is + 형 + that ~/to RV 소재 · 주제
cf 특히 it is important that ~
❺ Although A, B(소재 · 주제)
❻ the 비교급 ~, the 비교급(소재 · 주제)
❼ One of A is B(소재 · 주제)
❽ A + cause/lead to/end in/have an influence[effect/impact] on/bring about + B
(A와 B의 관계: 소재 · 주제)

정답/해설 p. 28

Actual Test

01 다음 글의 빈칸에 들어갈 말로 가장 적절한 것은?

One of the main principles I follow when I draw outside is ______________________. I try to stay away from houses or barns that have unusual angles of the roof, or objects that look incorrect in size, perspective, or design. If the subject is confusing when you look at it, it will be more confusing when you attempt to draw it. I know a beautiful barn where the corners are not at right angles. No matter how many times I have drawn it, the perspective does not look right. If I were to make an accurate drawing of this barn and put it in a show, I'm sure I would get all kinds of criticism for my poor perspective. I would not be there to tell my critics that the barn is actually constructed this way. So, I stay away from subjects that do not look right to me.

① not to select a subject that is too difficult or odd
② to draw an object with imagination
③ to get information from abstract subjects
④ to convert inaccurate drawings into accurate ones

02 다음 글을 읽고 빈칸에 들어갈 말로 가장 적절한 것은?

If you are not positive, you cannot be productive on your job. "Life is 90% attitude and 10% ability. It's all in your attitude, how you present yourself and what you have to offer," says Edward Simpson, a sales representative. "A company may be able to teach you what you need to know to succeed, but it cannot teach attitude. When choosing between a purely competent person without interest and a less competent person with zeal, I always choose ________________," he adds.

① zeal over ability
② ability over attitude
③ competence over zeal
④ attitude over interest

03 다음 빈칸에 들어갈 말로 가장 적절한 것은?

I would like to compare the shift from analog to digital film-making to the shift from fresco and tempera to oil painting in the early Renaissance. A painter making a fresco has limited time before the paint dries, and once it has dried, no further changes to the image are possible. Similarly, a traditional filmmaker has limited means of modifying images once they are recorded on film. Medieval tempera painting can be compared to the practice of special effects during the analog period of cinema. A painter working with tempera could modify and rework the image, but the process was painstaking and slow. The switch to oils greatly liberated painters by allowing them to quickly create much larger compositions as well as to modify them as long as necessary. Similarly, ________________________________, digital technology redefines what can be done with cinema.

① by equating oil painting with analog film-making
② by allowing a filmmaker to treat a film image as an oil painting
③ with the shift from oil painting styles to fresco ones in making films
④ with the introduction of tempera painting methods to cinematic special effects

PART 4 글의 구조 파악하기

04 다음 빈칸에 들어갈 말로 가장 적절한 것은?

It is a common misconception among many musicians and non-musicians alike that ________________. This is not surprising as it is natural to associate music with the sounds that create the melody, rather than with the quiet spaces between the notes. Because rests are silent, people often misinterpret these empty spaces as unimportant. But, imagine what would happen if a song was made up of only notes, and no rests. Aside from the fact that the "rests would be history" (pun intended), there would be a wall of sound with no reference point or discernible backbone to the music. This is because the spaces between the sounds provide a baseline and contrast for the piece, and give music structure and texture. In fact, it is a common saying among experienced musicians that a full measure of rest can hold more music than a full measure of blistering notes.

① notes are more important than rests
② rests provide a direct reference point to music
③ silence is no less meaningful than sound in music
④ melody is nothing more than a collection of sounds

05 다음 빈칸에 들어갈 말로 가장 적절한 것은?

Mathematics definitely influenced Renaissance art. Renaissance art was different from the art in the Middle Ages in many ways. Prior to the Renaissance, objects in paintings were flat and symbolic rather than real in appearance. Artists during the Renaissance reformed painting. They wanted objects in paintings to be represented ________________. Mathematics was used to portray the essential form of objects in perspective, as they appeared to the human eye. Renaissance artists achieved perspective using geometry, which resulted in a naturalistic, precise, three-dimensional representation of the real world. The application of mathematics to art, particularly in paintings, was one of the primary characteristics of Renaissance art.

① with accuracy
② in a tradition
③ without reality
④ with symbols

06 다음 빈칸에 들어갈 말로 가장 적절한 것은?

Soccer is more exciting than any of the top team sports. This is according to the research of a team of scientists. They analyzed the results of over 300,000 games played since 1888. They decided that the likelihood of an "upset" in a game was a good measure of its excitement. An upset is a game in which the weaker team beats the stronger team. They found soccer matches produced more upsets. The survey, however, is not all bad news for enthusiasts of other team sports. It seems that soccer has become ______________________________ over the past fifty years. This suggests that strong teams are becoming stronger and the chance of an upset is lessening.

① less exciting and more predictable
② more thrilling than other team sports
③ a sport which pays athletes too much
④ a sport which produces far more upsets

07 밑줄 친 부분에 들어갈 말로 가장 적절한 것은?

There's a knock at your door. Standing in front of you is a young man who needs help. He's injured and is bleeding. You take him in and help him, make him feel comfortable and safe and phone for an ambulance. This is clearly the right thing to do. But if you help him just because you feel sorry for him, according to Immanuel Kant, ______________________________. Your sympathy is irrelevant to the morality of your action. That's part of your character, but nothing to do with right and wrong. Morality for Kant wasn't just about what you do, but about why you do it. Those who do the right thing don't do it simply because of how they feel: the decision has to be based on reason, reason that tells you what your duty is, regardless of how you happen to feel.

① that wouldn't be a moral action at all
② your action is founded on reason
③ then you're exhibiting ethical behavior
④ you're encouraging him to be an honest person

UNIT 11

비평 / 대조

HOW TO SOLVE

상술(expatiation)과 비평(criticism) 및 대조(contrast)

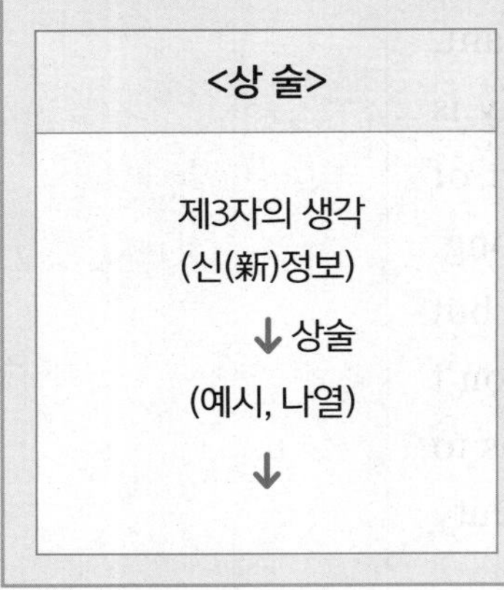

<상 술>
제3자의 생각
(신(新)정보)
상술
(예시, 나열)

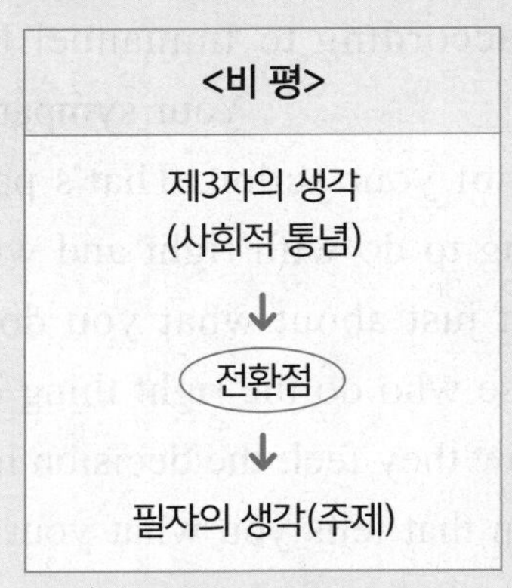

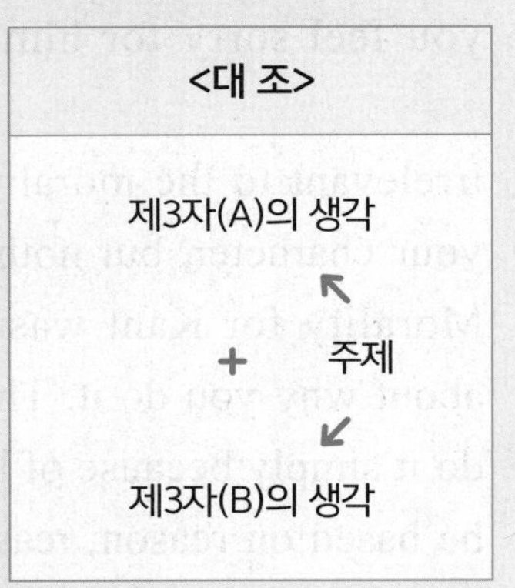

1 상술

글 도입에 제시된 제3자의 생각은 새로운 정보이거나 어려운 내용인 경우가 많다. 그러므로 이하에는 제시된 새로운 정보, 즉 제3자의 생각을 예시나 나열 등을 통하여 보충하거나 다른 말로 풀어서 부연 설명을 한다. 상술의 한 방법으로 예시, 나열 등이 있다. (p. 166 <UNIT 12 예시 / 나열> 참고)

제3자의 생각	Tom is a good teacher.
상술 (예시, 나열)	For example, he teaches us English with zeal. And above all, he often buys us some pizza.

여기서는 2가지 예시를 통해서 Tom이 좋은 선생님이라는 것을 상술하고 있다.

2 비평

비평은 글의 도입 부분에 일반적인 견해나 통념을 제시하고 뒷부분에 반대의 주장을 개진하는 글의 구조이다. 이때 **역접의 연결사**가 많이 나오며, 반드시 **'다수론(제3자의 생각) → 전환점(역접의 연결사) → 필자의 주장'**의 순서로 글이 전개된다. 이때 중반부터 이어지는 필자의 주장이 글의 주제가 된다.

제3자의 생각	Fighting against prejudice is very difficult.
전환점	**But, Yet, However** (그러나) **Nevertheless, Nonetheless, And yet, Still, Even so** (그럼에도 불구하고)
필자의 생각 (주제)	It is important that we try.

3 대조

비평은 제3자의 생각을 비평하면서 뒤에 나오는 필자의 주장을 강조하는 구조이다. 대조 또한 제3자의 생각을 비평하지만, 뒤에는 의미상 상반되는 내용이 나온다는 점에서 비평 구조와는 다르다. 특히 앞에 나오는 내용과 뒤에 나오는 내용 모두 똑같이 중요하므로 그 두 개를 포괄한 것이 글의 주제가 된다.

제3자의 생각 [1]	Some people say that Larry is a good man.
제3자의 생각 [2]	Other people say that he is an abnormal pervert.
주제	Larry에 대한 다양한 견해가 존재한다.

비평, 대조, 소재 전환의 연결사	A ← But, Yet, However → B But, Yet, However는 가장 널리 쓰이는 연결사로, 비평이나 대조에도 쓰이지만, 소재가 전환될 때도 쓰인다. • Some people say Shimson is rich. However, this is not true. (비평) • Money is important for our happiness. However, health is also essential in leading a happy life. (소재 전환)
대조의 대표적 연결사 및 표현	❶ A ← In[By] contrast, On the contrary, On the other hand → B 위의 연결사가 나오는 경우, 대개 그 연결사 앞뒤의 내용이 대조된다. • Samsung is a Korean company, on the contrary, Apple is a U.S. company. ❷ Two(A and B), different(differ, difference) 이 표현들이 문단 앞부분에 나오면, 그 글은 대조 구조가 될 확률이 높다. • Teenage culture and adult culture are **different** from each other. → 이 글은 십 대 문화와 성인문화의 차이를 다루는 글일 가능성이 크다.

그 외 대조의 연결사 및 표현	

❶ A ← while, whereas → B

전체 단락이 두 개로 나누어지는 것이 아니라, 한 문장 안에서 대조가 이루어진다.

• Some people sleep well, **while** some people don't.

❷ 비교를 통한 대조

	⟷	
A	more ~ than ~er than as ~ as	B

• I am bright**er than** Kevin.

❸ Some vs Others를 통한 대조

• **Some** think Larry is idiotic. **Others** think Larry is smart.

❹ 시간상 대조 (과거와 현재의 차이점을 드러냄)

현재	today, now, nowadays, these days, at present, recently, currently
과거	in the past, those days, ~ ago, once, in + 과거 연도
시간상 대조	at first, no longer, used to RV, instead

정답/해설 p. 30

Actual Test

01 다음 글을 읽고, 빈칸에 들어갈 말로 가장 적절한 것은?

There are good reasons to keep marine fish in the home aquarium. They are diverse, often beautifully colored, and their biology and behavior are endlessly fascinating. Even for the experienced freshwater aquarist, however, marine fish are considered challenging because it's difficult to keep the seawater quality and temperature stable in an aquarium. Unlike freshwater fish, many marine species have little ______________ for variations in water quality and temperature. Therefore, keeping them in a home aquarium demands more monitoring and attention to detail.

① tolerance ② discrimination
③ effect ④ implication

02 글의 흐름으로 보아, 주어진 문장이 들어가기에 가장 적절한 곳은?

> However, there are risks associated with teeth whitening.

Most people want sparkling white teeth and beautiful smiles on their faces. This demand for a new beautiful look has led to the popularity of the teeth whitening process. (①) The two most common side effects are temporary increase of tooth sensitivity and irritation of the gums. (②) The sensitivity problem in the teeth usually occurs in the initial stages of the whitening process. (③) The irritation of the gums often occurs during the fitting of a mouthpiece tray. (④) Some other risks associated with teeth whitening are overdose or overuse, addiction, and use of unhygienic or improper instruments.

03 글의 흐름으로 보아, 주어진 문장이 들어가기에 가장 적절한 곳은?

> Change in bedtime routines, illnesses, or even the presence of house-guest can cause their sleep patterns to worsen.

Some children are excellent sleepers from birth. In the early weeks they may have to be wakened for feedings. As they grow older, not only do they continue to sleep well, but it becomes difficult to wake them even if one tries. They sleep soundly at night in a variety of situations: bright or dark, quiet or noisy, calm or chaotic. (①) They can tolerate an occasional disruption of their sleep schedules, and they sleep well even during periods of emotional stress. (②) On the other hand, other children seem inherently more restless. These children are much more susceptible to having their sleep patterns disrupted. (③) However, even when these children have always been considered 'non-sleepers,' they also can sleep quite satisfactorily if their routine is respected. (④) In either case, consistent routines should be maintained to provide both types of children with adequate amounts of sleep to ensure both their emotional and physical well-being.

04 글의 흐름으로 보아, 주어진 문장이 들어가기에 가장 적절한 곳은?

However, recent success in the packaged-cookie market suggests that these may not be the only, or perhaps even the most important, reasons.

Why eat a cookie? Some reasons might be to satisfy your hunger, to increase your sugar level, or just to have something to chew on. (①) It appears that cookie-producing companies are becoming aware of some other influences and, as a result, are delivering to the market products resulting from their awareness. (②) These relatively new product offerings are usually referred to as 'soft' or 'chewy' cookies, to distinguish them from the more typical crunchy varieties. (③) Why all the fuss over their introduction? (④) Apparently much of their appeal has to do with childhood memories of sitting on the back steps devouring those melt-in-your-mouth cookies that were delivered by Mom straight from the oven, while they were still soft.

05 글의 흐름으로 보아, 주어진 문장이 들어가기에 가장 적절한 곳은?

> They appreciated their mothers' constant presence and availability.

My research points to an overwhelming correlation between a mother's working and her daughter's desire to work when she has children of her own. (①) About three quarters of the stay-at-home moms I interviewed had mothers who never worked outside of the home. (②) They also thought that having a job was just an option not a must. (③) On the other hand, all of the women whom I have interviewed whose mothers worked knew that they too would work when they had children. (④) Most of these women felt little hesitation in this decision. They thought that having a job was natural.

MEMO

UNIT 12

예시 / 나열

1 예시(Example)

상술의 한 방법으로, 앞에 언급된 **추상적 개념을 구체적이고 자세하게 설명**하기 위해서 예시를 드는 단락 구조이다. 이때 **주제는 예시 바로 앞에 있는 문장(추상적이고 큰 개념)**이다. 그러나 그 앞 문장은 보통 어려운 내용이기 때문에 그 앞 문장만 보고서는 답을 찾기가 힘들다. (예시를 드는 이유는 그 개념이 어렵기 때문임을 기억하자.)

따라서 구체적인 예시를 읽어야 하지만, 정확하게 말하면 예시를 들고 있는 부분은 답이 아니다. 하지만 그 예시의 내용을 뒤틀어서 오답 선지로 제시하는 경우가 많기 때문에 예시 구조의 지문을 읽을 때는 **'예시 앞 문장 → 예시 → 예시 앞 문장'**의 순서로 읽도록 한다.

※ 예시의 연결사 생략 (for example, for instance)

예시의 연결사는 자주 생략된다. 따라서 연결사에만 의존할 것이 아니라 예시 구조의 특징을 잘 알아둘 필요가 있다. 보통 고유명사(지명, 인명), 연도, 구체적인 숫자, if절이 나오면 예시일 확률이 높다.

cf if절이 여러 개일 경우 나열(Listing) 구조일 수 있다.

2 나열(Listing)

❶ **'many, various, several, 구체적인 숫자(one, second, third) + 명사'**가 앞부분에 나오면 나열 구조일 확률이 높다.

이 경우 대개 뒤에는 2개 이상의 내용이 나열되고, 그 나열된 내용의 공통점이나 '명사'가 주제가 된다.

❷ **also, moreover, furthermore, besides, in addition, what is more**가 나오면 두 개 이상의 항목이 나열된다.

이러한 연결사 앞에 나온 내용과 뒤에 나온 내용의 공통된 소재(Topic)가 주제문과 직결된다.

at the same time, similarly, likewise가 나오면 글의 소재가 서로 다른 경우가 많다.

이러한 연결사 앞뒤에는 대개 다른 소재가 나열되거나 글 전체의 맥락이 바뀌어 새로운 화제가 제시된다.

❸ **for example**(예시) 뒤에는 나열 구조가 오는 경우가 많다.

예를 들 때는 하나만 들기보다는 여러 개의 예를 드는 경우가 많으므로 for example(예시) 뒤에 나열이 나오는 경우가 많다.

❹ **another**를 이용하면 앞뒤의 내용이 무엇인지 알 수 있다.

another는 두 번째 나열이고, 첫 번째 나열되고 있는 것과 비슷한 내용이 another 뒤에 이어서 나온다. 가령 another animal이 나왔다고 한다면, 앞에는 어떤 동물(e.g. 고양이)이 나왔을 것이고, 뒤에는 또 다른 동물(e.g. 개)이 나올 것이다.

정답/해설 p. 31

Actual Test

01 다음 글을 읽고, 빈칸에 들어갈 말로 가장 적절한 것은?

In a traditional theory, the poorer countries could catch up quickly because in those countries, ________________. For instance, a few roads in a poor country can open a whole new area for trade; in a rich country, a few more roads just relieve a little congestion. A little more education in a poor country can make all the difference; in a rich country, people with degrees often can't find a job. And of course, it should be easier to copy technology than for a rich country to invent it. When you look at some developing countries in the world, the theory of catch-up seems reasonable.

① public transportation is well organized
② new investments have far bigger rewards
③ people work hard to break the chain of poverty
④ wages are relatively lower than in rich countries

02 다음 글의 빈칸에 들어갈 말로 가장 적절한 것은?

Which is more important, good or bad? Regardless of which you consider to be the right answer, ____________. For instance, the traffic jam that bogs down our day stays in our thoughts longer than the open road that sped us on our way. The rude clerk is memorable long after the nice clerk is forgotten. Remind yourself to see the good, to think about the good, and to remember the good. The good is out there just as much as the bad, but we are often prone to missing it.

① the open road is not always good
② we tend to choose the easy way
③ the bad is often a bigger part of our thoughts
④ the good plays a positive part in our life

03 다음 빈칸에 들어갈 말로 가장 적절한 것은?

It is not hard to see that a strong economy, where opportunities are plentiful and jobs go begging, ______________________. Biased employers may still dislike hiring members of one group or another, but when nobody else is available, discrimination most often gives way to the basic need to get the work done. The same goes for employees with prejudices about whom they do and do not like working alongside. In the American construction boom of the late 1990s, for example, even the carpenters' union — long known as a "traditional bastion of white men, a world where a coveted union card was handed down from father to son" — began openly encouraging women, blacks, and Hispanics to join its internship program. At least in the workplace, jobs chasing people obviously does more to promote a fluid society than people chasing jobs.

① simplifies the hiring process
② increases wage discrimination
③ helps break down social barriers
④ improves the productivity of a company

04 주어진 글 다음에 이어질 글의 순서로 가장 적절한 것은?

Bats are the primary predators of night-flying insects, playing a vital role in maintaining their balance in nature.

(A) The big-sized bats eat various moths and worms that are harmful to agriculture and forestry. The small-sized bats eat mosquitoes and other double-winged insects — carriers of diseases such as malaria.

(B) In addition, bats that eat fruit or flowers disperse seeds and pollinate flowers of more than 500 species of tropical trees and shrubs. If it were not for bats, the harvest of such tropical fruit as bananas and pineapples would decrease by 60%.

(C) One bat eats one-third of its body weight and is able to catch 600 mosquitoes in one hour. And different bat species hunt at different heights, preying on different kinds of insects.

① (A) – (C) – (B)　　② (B) – (C) – (A)

③ (C) – (A) – (B)　　④ (C) – (B) – (A)

05 다음 빈칸에 들어갈 말로 가장 적절한 것은?

When we claim that a certain fact is the cause of a certain other fact, there should be a real cause-and-effect relationship between the two facts. But it is not always an easy thing to see the relevance. For example, if a historian is investigating causes of the decline of the Roman Empire, should he learn the date when the Great Wall of China was built? Is this a relevant fact? On further investigation, we find that it is. There does appear to be a cause-and-effect relationship between the building of the Great Wall and the decline of the Roman Empire. The Chinese built the Great Wall to protect their borders. After it was built, the Huns couldn't advance on China. Unable to move east, they turned westward and finally reached the Roman area. There they contributed significantly to the fall of the Roman Empire. This shows that ______________________.

① the fall of the Roman Empire affected world history
② the relationship between two facts can easily be identified
③ historians should distinguish casual facts from inevitable results
④ apparently irrelevant facts may actually be more relevant than they seem

PART 4 글의 구조 파악하기

06 주어진 글 다음에 이어질 글의 순서로 가장 적절한 것은?

Most people probably associate coyotes with the American West. Indeed, these handsome and adaptable animals are native to that part of the world.

(A) Yet coyotes also prey on livestock. For this reason, some people seek to reduce their numbers or even eliminate them altogether. Ranchers in the western United States have long felt hostility toward coyotes because the animals kill hundreds of thousands of sheep each year.

(B) However, over the past hundred years, the species has greatly enlarged its territory. It has moved steadily eastward and into areas that are more densely populated. Today the melodious howls of coyotes can be heard throughout the United States and in parts of Canada and Central America.

(C) Why have coyotes been so successful? Their "omnivorous eating habits" have certainly helped them. They are known to eat just about anything, including insects, snakes, frogs, grass, apples, cactus fruit, and even watermelon.

① (B) – (A) – (C)　② (B) – (C) – (A)
③ (C) – (A) – (B)　④ (C) – (B) – (A)

MEMO

UNIT 13

원인-결과 / 실험 구조

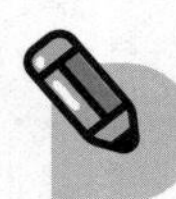

HOW TO SOLVE

영어 지문에서 가장 많이 나오는 구조가 **원인-결과 구조**이다. 원인-결과 구조는 특별한 연결사나 구조 없이 나오는 경우가 대부분이므로 많은 연습이 필요하다. 또한 넓은 의미에서 보면 **문제점-해결책**도 **원인-결과 구조**이다.

실험 구조의 경우, 원서나 국내 대부분의 교재에 특별한 언급이 없지만, 시험뿐만 아니라 일반 글에도 자주 나오는 구조이기 때문에 알아둘 필요가 있다.

형태상 원인-결과(Cause & Effect)

so, thus, hence, therefore, accordingly, thereby, for these reasons, finally, consequently, as a result (따라서)
in short, in brief, in a word (요약해서)

❶ 앞 문장에는 원인, 뒤 문장에는 결과가 나온다.
❷ 이러한 연결사가 마지막 문장을 이끌면 그 마지막 문장이 대개 주제문이 된다. (요지 · 주장)

• A(원인) +

cause	lead to	result in	end in
bring about	give rise to	produce	contribute to

+ B(결과)

❶ 주어가 원인, 목적어가 결과가 된다.
❷ 'A 해서 B가 된다'라고 해석한다.

• B(결과) +

result from	arise from	follow	be caused by
be produced by	be the consequence of		be the result of

+ A(원인)

❶ 주어가 결과, 목적어가 원인이 된다.
❷ 'B는 A 때문이다'라고 해석한다.

- A(요인) + [have an influence[effect/impact] on / affect / influence / play an important role in] + B(대상)

❶ 주어가 요인, 목적어가 영향을 받는 대상이 된다.
❷ 'A가 B에 영향을 끼친다'라고 해석한다.

원인 + This is why 결과
결과 + This is because 원인

- **because**(~이므로)와 **why**(어째서, 왜)는 원인과 결과의 순서가 반대라는 것을 기억하자.

ex Mary works at the office for more than 12 hours. **This is why** she looks so tired.
(Mary는 사무실에서 12시간 넘게 일한다. 이것이 그녀가 그렇게 피곤해 보이는 이유이다.)

ex Tom got huffy. **That's because** Mary and Anna didn't take him to the zoo.
(Tom은 삐쳤다. 그것은 Mary와 Anna가 그를 동물원에 데리고 가지 않았기 때문이다.)

2 내용상 원인-결과(Cause & Effect)

특별한 연결사나 구조가 없기 때문에 가장 어려운 유형이다. 소재(Topic) 중심의 독해를 통하여 무엇이 원인이고 무엇이 결과인지를 파악하며 글을 읽어야 한다.

3 실험 구조

실험 구조는 두 가지만 제대로 알면 쉽게 답을 찾을 수 있다.
먼저 ❶ **실험군과 대조군**(원인)을 잡은 후에 ❷ **실험 결과**(결과)에 초점을 두고 글을 읽어 내려가면 어떤 유형(빈칸, 주제, 제목, 요지, 주장 …)의 문제도 쉽게 풀 수 있다.

❶ 실험군 vs 대조군

실험군과 대조군은 서로 **대조 구조**의 형태를 띠므로 **대조의 연결사, 특히 비교급 형태**가 많이 나온다.

- 실험군 및 대조군과 관련된 표현
  some / others, one / the other, two / three, identical, subject
- 대조의 연결사
  but, yet, however, in[by] contrast, on the contrary, on the other hand, while, whereas
- 비교급 표현

❷ 실험 결과를 나타내는 표현

아래의 표현과 함께 실험 결과를 제시하는 경우가 많다.

research / experiment study / test / survey sociologist / researcher	+	show suggest discover	+	실험 결과 문두 : 소재 문중·미 : 주제

4 문제점과 해결책

문제점과 해결책 구조의 글은 크게 3가지 방향으로 전개된다.

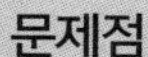

문제점 ↓ 해결책 (주제)	문제점 ↓ (문제점이 주제)	문제점 ↓ 원인 ↓ 해결책 (주제)
Anna feels lonely. ↓ **She should find her Mr. Right.**	Every night, Mary goes to movie and goes shopping with friends. ↓ **She plays too much.**	Tom is a workaholic. ↓ He has never had a girlfriend before. ↓ **He should find his Ms. Right.**

해결책 제시 방법

- by RVing (~함으로써)
- the best way[solution] to RV (~하기 위한 최고의 방법[해결책])
- to avoid[solve] the problem (그 문제를 피하기[해결하기] 위해서는)
- need to RV / the need[necessity] to RV[of 명사] (~할 필요가 있다 / ~할 필요)
- through A (A를 통해서)
- if (만약 ~한다면)

정답/해설 p. 33

Actual Test

01 다음 빈칸에 들어갈 말로 가장 적절한 것은?

The sun is slowly getting brighter as its core contracts and heats up. In a billion years it will be about 10 percent brighter than today, heating the planet to an uncomfortable degree. Water evaporating from the oceans may set off a runaway greenhouse effect that turns Earth into a damp version of Venus, wrapped permanently in a thick, white blanket of cloud. Or the transformation may take some time and be more gentle, with an increasingly hot and cloudy atmosphere able to shelter microbial life for some time. Either way, water will escape into the stratosphere and be broken down by UV light into oxygen and hydrogen. Oxygen will be left in the stratosphere — perhaps misleading aliens into thinking the planet is still inhabited — while the hydrogen is light enough to escape into space. So our water will gradually ___________.

① leak away
② be frozen
③ flow over
④ accumulate

02 다음 빈칸에 들어갈 말로 가장 적절한 것은?

Dreams are a natural part of sleep, and everybody has them, whether they remember them or not. But ________ depends on who they are and how old they are. For instance, marriage has an effect on dreaming. One study showed that unmarried women dream more than married ones. Men dream less than women, whether they are married or not. Younger people tend to dream quite a lot. On the other hand, by the time they reach retirement age, people dream a lot less often.

① why people dream
② how much people dream
③ what dreams mean
④ what dreams people have

03 다음 빈칸에 들어갈 말로 가장 적절한 것은?

In Chinese food, the idea is that it should be boiling hot, because that is crucial to its flavor, embodied in the phrase *wok hei*, which means the 'breath' or essence of the combination of tastes added by a hot wok. In 2005 Belgian researchers at Leuven University confirmed just how the link between temperature and taste works. They identified microscopic channels in our taste buds, which seem to respond differently at different temperatures. Apparently, the higher the temperature, the more intense the flavor. This is why ______________________________, which is why ice cream makers add stacks of sugar — as you can tell all too clearly when ice cream melts. In a similar way, some bitter tastes, like tea, taste better when hot because they are more intense.

*wok: 중국 요리용 냄비

① ice cream tastes better when tea flavors are added
② ice cream does not taste that sweet straight from the fridge
③ it is not recommended to eat ice cream while drinking hot tea
④ ice cream tastes sweeter especially in the winter time

04 주어진 글 다음에 이어질 글의 순서로 가장 적절한 것은?

An extraordinary successful and economical example of weed control can be found in Australia. Around 1787, a man brought the prickly pear, a kind of cactus, into Australia.

(A) To eliminate them, Australian scientists were sent to North and South America to study enemies of the prickly pears. After trials of several species, three billion eggs of an Argentine moth were spread in Australia.

(B) Some of the prickly pears escaped from his garden. Having no natural controls in this new territory, they spread immensely, eventually occupying about sixty million acres.

(C) Seven years later, the dense growth of the prickly pear had been destroyed and the once uninhabitable areas reopened to settlement and grazing. The whole operation had cost less than a penny per acre.

① (A) – (C) – (B)
② (B) – (A) – (C)
③ (B) – (C) – (A)
④ (C) – (A) – (B)

05 다음 글의 빈칸에 들어갈 말로 가장 적절한 것은?

When drawing human figures, children often make the head too large for the rest of the body. A recent study offers some insight into this common disproportion in children's drawings. As part of the study, researchers asked children between four and seven years old to make several drawings of adults. When they drew frontal views of the adults, the size of the heads was markedly enlarged. However, when the children drew rear views of the adults, the size of the heads was not nearly so exaggerated. The researchers suggest that children draw bigger heads when they know that they must leave room for facial details. They say the distorted head size in children's drawing is ______________________________.

① a form of planning ahead
② evidence of poor drawing skills
③ an indication of a poor sense of scale
④ an expression of their hope to grow up

MEMO

UNIT 14

필자의 강조 / 지시 형용사

1 필자의 강조

모든 필자는 글을 쓸 때 자신이 주장하고자 하는 부분을 더 강조하기 마련이다. 이때 필자가 주장을 강조하기 위해 쓰는 장치들을 알아두면 더 쉽고 빠르게 답을 찾아낼 수 있다.

❶ 의문문 + 그 대답 / 인용문

의문문이나 인용문 모두 필자가 자신의 주장을 강조하기 위한 장치이다. 특히 문단 중간이나 끝에 있는 '의문문 + 그 대답'과 '인용문'은 대개 주제문이 된다.

❷ 필자의 주장 강조

'~해야 한다'라는 당위성을 지닌 표현은 대개 주제나 중요한 정보를 제시한다.

must should need to	important	The most(최상급) The best way	It is time ~	명령문(RV)

• Mary **should[must, needs to]** take a rest. (Mary는 휴식을 취해야만 한다.)

• It's **important** for Julia to make a trip regularly. (Julia가 정기적으로 여행을 하는 것은 중요하다.)

• **The best way** to lose your weight is to eat less and less. (체중을 줄이는 최선의 방법은 점점 덜 먹는 것이다.)

• Tom always says that **it's time** to go to have lunch. (Tom은 언제나 점심을 먹으러 갈 시간이라고 말한다.)

❸ B를 강조하는 표현들 (B > A)

not A but B	Instead of A, B	Although A, B	not only A but also B (= B as well as A)

• Instead of attending her friend's wedding, **Jessica decided to work this evening**.
(친구의 결혼식에 참석하는 대신, Jessica는 오늘 저녁 일을 하기로 결심했다.)

2 지시 형용사

❶ this[these] + 명 / that[those] + 명 / such + 명

이 경우, 명사에 대한 설명은 **반드시 앞**에 언급된다.

❷ another(또 다른) + 명

이 경우, 앞에 어떤 명사에 대한 설명이 나오고, 뒤에는 또 다른 명사에 대한 설명이 나온다. 나열 구조가 올 수도 있다.

❸ a + 명 / the + 명

'a + 명사'와 'the + 명사' 중 'a + 명사'가 먼저 언급된다.

3 비교급 · 원급

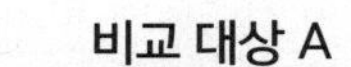

비교 대상 A				비교 대상 B
동명사 / 명사 + 관계사 사람 / 장소	+	more[-er] than as ~ as	+	동명사 / 명사 + 관계사 사람 / 장소

비교급이 나온 경우, 비교되는 두 대상을 잡으면 글의 주제나 요지, 빈칸에 들어갈 내용 등을 쉽게 파악할 수 있다.
이때 **비교 대상 B의 위치는 than 뒤 혹은 두 번째 as 뒤이다.**
따라서 B를 먼저 잡고, 그와 비슷한 구조를 띠는 것을 찾으면 그것이 **비교 대상 A가 된다.**
비교 대상 A와 B는 서로 대조(대칭)의 구조를 띤다.

- **My beauty** is more attractive than **that of Julia**. (나의 아름다움은 Julia의 아름다움 보다 더 매력적이다.)
- **Mary** is as cute and lovely as **Julia**. (Mary는 Julia만큼 귀엽고 사랑스럽다.)

4 유사의 연결사

유사의 연결사가 나온 문장은 주제나 중요 정보가 될 수 있다.

that is that is to say namely as it were so to speak in other words	즉, 다시 말해서	Diana plays the piano and studies very well. She also can sometimes bake some bread and cookies. Besides, she can make a computer program very well. Finally, she can speak English fluently. **Namely**, she is a genius.

정답/해설 p. 35

Actual Test

01 다음 글의 요지로 가장 적절한 것은?

You see the world as one big contest, where everyone is competing against everybody else. You feel that there is a set amount of good and bad fortune out there. You believe that there is no way that everyone can have everything. When other people fail, you feel there's a better chance for you to succeed. However, there is not a limited supply of resources out there. When one person wins, everyone wins. Every victory one person makes is a breakthrough for all. Whenever an Olympic swimmer sets a new world record, it inspires others to bring out the best within them and go beyond that achievement to set new records of human performance. Whenever a geneticist unlocks new secrets of the DNA molecule, it adds to our knowledge base and enables us to better the human condition. Remember that life is a game where there are multiple winners.

① Competitive mind is the driving force to break a record.
② Those who succeed have a distinct achievement motivation.
③ Competition is inevitable in the world with limited resources.
④ One's victory eventually leads to the victory of all.

02 다음 글에서 필자가 주장하는 바로 가장 적절한 것은?

Patients often ask me, "Why is everything I enjoy bad for me?" Well, that's not necessarily true, although it often seems that way. For example, you may eat all the chocolate you like as long as your body can stand the extra calories. Do you like eggs? If your cholesterol level is normal, you may have three, four or even five eggs a week. People react differently to cholesterol in the diet. In some, it raises the blood levels, while in others, it does not. So, if you love eggs and chocolate, eat some. Just don't go overboard.

① 자신의 체질에 맞는 음식은 즐겨라.
② 청소년기에는 열량이 높은 음식을 섭취하라.
③ 건강에 나쁘다고 알려진 음식은 멀리하라.
④ 콜레스테롤이 많은 음식은 피하라.

03 글의 흐름으로 보아, 주어진 문장이 들어가기에 가장 적절한 곳은?

> Despite such evidence of favoritism toward handsome politicians, follow-up research demonstrated that voters did not realize their bias.

Research has shown that we automatically assign to good-looking individuals such favorable traits as talent, kindness, honesty, and intelligence. Furthermore, we make these judgements without being aware that physical attractiveness plays a role in the process. (①) Some consequences of this unconscious assumption that "good-looking equals good" scare me. (②) For example, a study of the 1974 Canadian federal elections found that attractive candidates received more than two and a half times as many votes as unattractive candidates. (③) In fact, 73 percent of Canadian voters surveyed denied in the strongest possible terms that their votes had been influenced by physical appearance; only 14 percent even allowed for the possibility of such influence. (④) Voters can deny the impact of attractiveness on electability all they want, but evidence has continued to confirm its troubling presence.

04 다음 글의 제목으로 가장 적절한 것은?

Processing a TV message is much more like the all-at-once processing of the ear than the linear processing of the eye reading a printed page. According to McLuhan, television is fundamentally an acoustic medium. To make this point clear, he invited people to try a simple experiment. First, turn the sound down on the TV set for one minute during your favorite program. Now, for another minute, adjust the TV set so that you can hear the sound but you can't see any picture. Which condition was more frustrating? Which condition gave you less information? McLuhan believed that people who tried this little exercise would invariably report more frustration in the condition where the picture was visible but the sound was inaudible.

① TV Messages: More Visual or Acoustic?
② Surveys of Favorite TV Programs
③ TV as Efficient Equipment for the Deaf
④ More Frustrating Conditions: Invisible Situations

05 글의 흐름으로 보아, 주어진 문장이 들어가기에 가장 적절한 곳은?

> Due to this trade, the plant variety became widespread in a region.

For thousands of years, farmers at harvest time have selected seeds, cuttings, or tubers from superior plants to save for the next planting. Farmers often protected the stored seeds from insects or animals by sealing them in clay pots or burying them in baskets covered with ash. (①) They also often stored tubers in cold areas and either replanted cuttings immediately or kept them dry until the next planting time. (②) Farmers thus saved their genetic stocks from season to season. (③) They could exchange remaining stocks with neighbors or exchange them in the local market. (④) Organized seed production, however, did not begin until the early 1900s.

06 글의 흐름으로 보아 주어진 문장이 들어가기에 가장 적절한 곳은?

> Moreover, the swamps provided perfect breeding grounds for mosquitos, which brought deadly malaria with them.

In the eastern Mediterranean, Ephesus once was the most important seaport of the Roman Empire. But within 600 years of Roman occupation, Ephesus became a ghost town. The Romans upset the balance of Nature, which led to the downfall of the city. The Romans cleared a massive area of forest located around the city to make way for more crops, which eventually cut off the city of Ephesus from the sea forever. (①) With the rainfall not being broken by the forest, water brought away the fertile topsoil with it, and it dumped the soil near the coast. (②) As more and more of this sediment built up, the city was cut off from the sea, which was a disaster for the seaport. (③) Now, there were only massive swamps where once seawater had come in freely. (④) As huge numbers of Ephesians died of the disease, the Empire couldn't hold the land, so it abandoned the city, leaving all the great temples and monuments behind.

Further Study

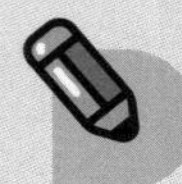

구조별 주요 연결사

비평 · 대조

접속사	but yet	그러나
	while whereas	~에 반하여
접속부사	however	그러나
	nevertheless nonetheless and yet still even so	그럼에도 불구하고
	in contrast by contrast on the contrary	대조적으로
	on the other hand	반면에

예시

접속부사	for example for instance	예를 들면

유사

접속부사	that is that is to say namely as it were so to speak in other words	다시 말해서

4 열거

접속부사	also	또한
	moreover furthermore besides in addition what is more	게다가
	at the same time	동시에
	similarly likewise	마찬가지로

5 원인 · 결과

접속사	so	따라서
	because	~때문에
접속부사	thus hence therefore accordingly thereby	따라서
	for these reasons	이러한 이유로
	finally	결국
	consequently as a result	그 결과
	in short in brief in a word	요컨대
	this is why	이것이 ~인 이유이다
	this is because	이는 ~때문이다

Staff

Writer 심우철

Director 강다비다

Researcher 정규리 / 한선영 / 장은영 / 김도현

Design 강현구

Manufacture 김승훈

Marketing 윤대규 / 한은지 / 유경철

발행일: 2025년 1월 8일 (개정 1판 3쇄)

내용문의: http://cafe.naver.com/shimson2000

커넥츠 공단기

인터넷 강의
gong.conects.com

2025
심우철 영어
기본서
시리즈

심슨 독해

shimson reading

심우철 지음

정답 / 해설

심손 독해

shimson reading

심우철 지음

정답/해설

>> ACTUAL TEST 빠른 정답

UNIT 01 주제·제목 추론	01 ③ 02 ① 03 ② 04 ③ 05 ③ 06 ① 07 ④ 08 ④
UNIT 02 요지·주장 추론	01 ① 02 ③ 03 ② 04 ④ 05 ① 06 ②
UNIT 03 문단의 일관성	01 ③ 02 ④ 03 ③ 04 ② 05 ③ 06 ③ 07 ③
UNIT 04 연결사 추론	01 ② 02 ① 03 ② 04 ① 05 ④
UNIT 05 문장 삽입·순서 배열	01 ③ 02 ② 03 ③ 04 ② 05 ① 06 ③ 07 ② 08 ③ 09 ③ 10 ② 11 ③ 12 ③ 13 ② 14 ③ 15 ③ 16 ④
UNIT 06 빈칸 추론	01 ② 02 ② 03 ① 04 ④ 05 ① 06 ① 07 ① 08 ① 09 ③ 10 ④ 11 ② 12 ② 13 ①
UNIT 07 이메일	01 ③ 02 ③ 03 ④ 04 ① 05 ④ 06 ① 07 ③ 08 ④ 09 ② 10 ④ 11 ① 12 ④
UNIT 08 안내문	01 ③ 02 ③ 03 ③ 04 ④ 05 ② 06 ③ 07 ① 08 ④ 09 ② 10 ② 11 ① 12 ④
UNIT 09 웹페이지 글	01 ③ 02 ④ 03 ③ 04 ③ 05 ② 06 ③ 07 ③ 08 ③ 09 ④ 10 ④
UNIT 10 소재 중심의 독해	01 ① 02 ① 03 ② 04 ① 05 ① 06 ① 07 ①
UNIT 11 비평/대조	01 ① 02 ① 03 ③ 04 ① 05 ②
UNIT 12 예시/나열	01 ② 02 ③ 03 ③ 04 ③ 05 ④ 06 ②
UNIT 13 원인-결과/실험 구조	01 ① 02 ② 03 ② 04 ② 05 ①
UNIT 14 필자의 강조/지시 형용사	01 ④ 02 ① 03 ③ 04 ① 05 ④ 06 ④

UNIT 01 주제·제목 추론

본서 p. 14

01	③	02	①	03	②	04	③	05	③
06	①	07	④	08	④				

01 ③

해설 비언어적 신호의 중요성에 관한 글이다. 비언어적 신호가 발화되는 말보다 우리에게 긍정적인 감정을 주는 데 효과가 더 크다고 했으므로, 글의 제목으로 알맞은 것은 ③ '비언어적 소통이 말보다 더 크게 말한다[효과가 더 크다]'이다.
① 야생 동물들은 어떻게 생각하고 느끼는가?
② 효과적으로 소통하는 것이 성공의 비결이다
④ 언어적 신호: 감정을 표현하는 주요 수단

해석 사랑받는 느낌과 그것이 자극하는 생체 응답은 목소리의 톤, 표정, 또는 딱 맞는 느낌의 촉감 같은 비언어적 신호로 유발된다. 비언어적 신호는 발화되는 말보다, 우리와 함께 있는 사람이 우리에게 관심이 있고, 우리를 이해하며 소중히 여긴다고 느끼게 해준다. 우리는 그들과 있을 때 안전하다고 느낀다. 비언어적 신호의 힘은 야생에서도 확인할 수 있다. 동물들은 포식자의 추격을 피한 후 종종 스트레스 완화의 수단으로 서로 코를 비빈다. 이러한 신체 접촉은 안전에 대한 확신을 주고 스트레스를 완화해 준다.

어휘
biological 생물체의 / stimulate 자극하다
trigger 유발하다 / nonverbal 비언어적인
cue 신호 / expression 표정
just (정확히) 딱 / value 소중히 여기다
wild 야생 / evade 피하다
chase 추격 / predator 포식자
nuzzle 코를 비비다 / relief 완화
bodily 신체의 / reassurance 안심, 확신
effectively 효과적으로 / primary 주요한

02 ①

해설 이 글은 자녀에게 물건에 대한 건강한 비의존성을 가르치는 방법을 설명하고 있다. 아이가 한 물건에 집착하지 않도록, 물건들을 교대로 노출하거나 물건으로 유발된 긍정적인 감정에 집중하는 모범을 보이라고 했다. 따라서 글의 주제로 알맞은 것은 ① '소유물에 대한 건강한 태도를 형성하는 것'이다.
② 다른 사람들과 장난감을 공유하는 것의 가치를 배우는 것
③ 장난감을 질서정연하게 정리하는 방법을 가르치는 것
④ 바람직하지 않은 방식으로 행동하는 것에 대한 책임을 받아들이는 것

해석 명절과 생일처럼 아이의 삶에서 장난감과 선물이 쌓이는 시기가 있다. 당신은 이러한 시기를 이용해 물건에 대한 건강한 비의존성을 가르칠 수 있다. 당신의 아이를 장난감들로 둘러싸지 마라. 대신 그것들을 바구니들에 정리해 한 번에 한 바구니씩 꺼내고 가끔 바구니들을 교대하라. 소중히 여긴 물건이 잠시 치워지면, 그것을 꺼내오는 것은 즐거운 기억과 시야의 새로움을 만들어 낸다. 당신의 아이가 한동안 치워둔 장난감을 요구한다고 가정해 보라. 당신은 이미 주위[환경]에 있는 물건이나 경험으로 관심을 향하게 할 수 있다. 당신이 한 소유물을 잃어버리거나 망가뜨리는 경우, 아이가 집착하지 않는 태도를 기르기 시작할 수 있도록 좋은 태도("그것을 가지고 있는 동안 소중히 여겼어!")를 모범으로 보이려고 노력하라. 아이의 장난감이 망가지거나 분실되는 경우, 아이가 "그거 재미있었어요."라고 말하게 도와라.

어휘
holiday 명절 / accumulate 쌓이다, 모이다
nondependency 비의존성 / surround 둘러싸다
arrange 정리하다 / rotate 교대하다
occasionally 가끔 / cherish 소중히 여기다
put away 치우다 / delightful 즐거운
freshness 새로움 / outlook 시야
direct 향하게 하다 / possession 소유물
model 모범으로 보이다 / appreciate 소중히 여기다
nonattachment 집착하지 않음 / orderly 질서정연한
manner 방식 / undesirable 바람직하지 않은

03 ②

해설 일부 사람들은 특별한 이점을 가지고 태어나지만, 그렇지 않은 경우에도 오랜 기간 꾸준히 노력한다면 재능을 키우고 성공을 이룰 수 있다고 주장하는 글이다. 따라서 글의 주제로 가장 적절한 것은 ② '재능을 키우기 위한 지속적인 노력의 중요성'이다.
① 일부 사람들이 다른 사람들에 비해 가지고 있는 이점
③ 수줍음이 많은 사람들이 사회적 상호 작용에서 겪는 어려움
④ 자신의 강점과 약점에 대해 이해할 필요성

해석 분명히 일부 사람들은 이점(예를 들어, 기수는 신체적 크기, 농구 선수는 키, 음악가는 음악에 대한 '귀')을 가지고 태어난다. 하지만 수년에 걸친 의식적, 계획적 연습에 대한 전념만이 그 이점을 재능으로, 그리고 그 재능을 성공으로 바꿀 수 있다. 이와 같은 헌신적인 연습을 통해, 그러한 이점을 가지고 태어나지 않은 사람들은 자연이 그들이 닿을 수 있는 곳보다 좀 더 멀리 놓아둔[타고나지 않은] 재능을 개발할 수 있다. 예를 들어, 당신이 수학에 대한 재능을 가지고 태어나지 않았다고 느낄지라도 의식적, 계획적 연습을 통해 당신의 수학적 능력을 크게 향상할 수 있다. 또는 당신 스스로가 '원래부터' 수줍음이 많다고 생각한다면 사교적 능력 개발에 시간과 노력을 들이는 것이 당신으로 하여금 사교 행사에서 사람들과 활기차게, 우아하게, 편안하게 교류하는 것을 가능케 할 수 있다.

어휘
certainly 분명히 / advantage 이점
jockey 기수 / height 키
dedication 전념, 헌신 / mindful 의식적인
deliberate 계획[의도]적인 / farther 더 멀리
reach (닿을 수 있는) 범위 / significantly 크게
mathematical 수학적인 / enable 가능하게 하다
occasion 행사 / grace 우아함
constant 지속적인 / cultivate 기르다, 함양하다
strength 강점 / weakness 약점

04 ③

해설 이 글은 일본과 미국 학생들에게 같은 수중 풍경 장면을 보여주었을 때 서로 다른 것에 초점을 두었다는 예시를 들어, 서로 다른 문화권의 사람들이 세상을 어떻게 다르게 보는지에 관해 설명하고 있다. 따라서 글의 제목으로 가장 적절한 것은 ③ '인지의 문화적 차이'이다.
① 일본인과 미국인 사이의 언어 장벽
② 뇌 속의 물체와 배경의 연관성

④ 꼼꼼한 사람들의 우월성

해석 다른 문화권의 사람들은 세상을 다르게 보는가? 한 심리학자는 일본과 미국 학생들에게 물고기와 다른 수중 물체들의 사실적인 영상화된 장면들을 보여주고 그들이 본 것을 보고하도록 요구했다. 미국인들과 일본인들은 그 초점에 있는 물고기를 거의 같은 수로 언급했지만, 그 일본인들은 물, 바위, 거품, 그리고 비활동적인 식물과 동물들을 포함한 배경 요소들에 대해 60% 이상 더 많이 언급했다. 게다가 일본과 미국의 참가자가 활동적인 동물들을 포함한 움직임을 거의 같은 수로 언급한 반면, 그 일본 참가자들은 비활동적인 배경 물체를 포함한 관계에 대해 거의 두 배 더 많이 언급했다. 아마 가장 현저하게도, 일본인 참가자들의 맨 첫 문장은 환경을 언급하는 것이었을 반면, 미국인들의 첫 문장은 초점에 있는 물고기를 언급하는 것이었을 가능성이 세 배 더 컸다.

어휘

animated 동영상으로 된, 만화로 된 / scene 장면
reference 언급 / focal 초점에 있는, 중심의
inert 활발치 못한 / tellingly 강력하게, 현저하게
superiority 우월성 / oriented ~을 지향하는

05 ③

해설 이 글은 해양 온난화로 인해 물고기들이 산소를 더 많이 필요로 하지만 동시에 산소 이용 가능성은 작아지면서, 다양한 어종과 수중 호흡 생물들의 크기가 줄어들 것이라는 내용이다. 이에 대한 부연 설명으로 과학자들과 William Cheung의 주장이 제시되고 있다. 따라서 글의 제목으로 가장 적절한 것은 ③ '기후 변화가 세계의 물고기를 작아지게 할 수 있다'이다.

① 물고기는 이제 그 어느 때보다 더 빨리 자란다
② 산소가 해양 온도에 미치는 영향
④ 바다 생물들이 낮은 신진대사로 살아남는 방법

해석 바다의 온난화와 산소 손실이 참치와 농어에서 연어, 환도상어, 해덕, 대구까지 수백 어종을 이전에 생각했던 것보다 훨씬 더 많이 작아지게 할 것이라고 새로운 연구는 결론 내렸다. 따뜻한 바다는 그것들의 신진대사를 가속하기 때문에, 물고기, 오징어 그리고 다른 수중 호흡 생물들은 바다에서 더 많은 산소를 끌어내야 할 것이다. 이와 동시에, 바다 온난화는 이미 바다의 많은 부분에서 산소의 이용 가능성을 줄이고 있다. British Columbia 대학의 과학자 두 명은 물고기의 몸통이 아가미보다 더 빨리 자라기 때문에, 이 동물들은 결국 정상적인 성장을 지속하기에 충분한 산소를 얻을 수 없는 지경에 이를 것이라고 주장한다. "우리가 발견한 것은 수온이 섭씨 1도 상승할 때마다 물고기의 몸통 크기가 20~30% 줄어든다는 것입니다."라고 저술가 William Cheung은 말한다.

어휘

shrink (크기 등이) 줄어들게 하다 / grouper 농어
thresher shark 환도상어 / cod 대구
metabolism 신진대사 / availability 이용 가능성
gill 아가미 / sustain 지속하다

06 ①

해설 귀금속 함량이 높은 양화(良貨)의 동전이 시장에서 점점 사라지게 된 원인에 관한 글이다. 왕은 사익을 위해 귀금속 비율이 높은 동전에 불순물을 섞어서 비율이 낮은 동전으로 재발행하는 방식으로 차액을 챙기는 한편, 사람들은 옛날 양화를 쓰지 않고 따로 간직하였다. 이에 따라 가치가 높은 양화는 밀려나고 악화만 유통되게 되었다. 이는 좋은 동전을 나쁜 동전으로 몰아냈다는 지문 속 표현과 같이, 결국 악화가 양화를 대체하게 된 것이므로, 글의 제목으로 적절한 것은 ① '어떻게 악화가 양화를 대체하는가'이다.

② 좋은 동전의 요소
③ 동전을 녹이는 것은 어떤가?
④ 악화란 무엇인가?

해석 악화(惡貨)로 인한 양화(良貨)의 통화 가치 하락은 귀금속의 비율이 높은 동전에서 일어났는데, 가치가 더 낮은 금속으로 희석하여 금이나 은의 비율을 더 낮게 해서 재발행되었다. 이러한 불순물 섞기로 인해 악화가 양화를 밀어내게 되었다. 아무도 양화를 쓰지 않고 보관했고, 그 결과 양화는 유통에서 밀려나서 비축되었다. 한편으로 대개 끝없는 전쟁과 그 밖의 방탕한 생활로 부를 잃은 왕이 (동전의) 발행자로 그 움직임의 배후에 있었다. 그들은 가능한 한 모든 이전의 양화를 모아 녹여서 낮은 순도로 재발행하고 차액을 챙겼다. 오래된 것(양화)을 보관하는 것은 흔히 불법이었지만 사람들은 그렇게 했고, 그동안에 왕은 적어도 한동안은 자신의 금고를 다시 채웠다.

어휘

currency 화폐 / debasement (화폐의) 가치 저하
via ~을 통해 / precious 귀중한
reissue 재발행하다 / dilute 희석하다
adulteration 불순물 섞기 / drive out 몰아내다, 사라지게 하다
circulation 유통 / hoard 비축
interminable 끝없이 계속되는 / warfare 전쟁
dissolute 방탕한 / purity 순도
pocket (흔히 부정하게 돈을) 벌다 / balance 차액, 잔액
illegal 불법적인 / replenish 다시 채우다
treasury 금고 / element 요소

07 ④

해설 매핑 기술이 생물학, 지구물리학, 해양학 등 다양하고 새로운 분야에서 사용되고 있다는 내용의 글이다. 더 나아가 관념적인 측면에서도 아이디어 간의 관계를 도식화할 수 있다고 서술하기 때문에 글의 제목으로 가장 적절한 것은 ④ '새로운 분야를 도식화하기'이다.

① 전산화된 지도 vs 전통적 지도
② 지도 제작은 어디서부터 시작되는가?
③ DNA 비밀을 푸는 방법을 찾기

해석 매핑(도식화) 기술은 많은 새로운 응용 분야에서 사용되고 있다. 생물학자들은 DNA의 분자구조("게놈 지도")를 분석하고, 지구물리학자들은 지구 핵의 구조를, 그리고 해양학자들은 해저를 매핑하고 있다. 컴퓨터 게임에는 규칙, 위험, 보상이 바뀌는 여러 다양한 상상 속의 "지대"나 단계가 있다. 전산화는 이제 훈련과 오락에 유용할 수도 있는 특수한 상황을 자극하는 인위적인 환경인 "가상현실"로 현실에 도전한다. 매핑 기술은 아이디어의 영역에서도 사용되고 있다. 예를 들어, 아이디어 간의 관계가 개념지도라 불리는 것을 사용하면서 나타날 수 있다. 일반적이거나 "중심" 생각으로부터 출발하여, 주요 개념 주위에 웹을 구축하면서, 관련된 생각들은 연결될 수 있다. 이것은 어떠한 전통적인 정의에 의한 지도는 아니지만, 그것을 생산하기 위해 지도 제작의 도구와 기법을 이용하고 있으며, 어떤 면에서 이것은 지도를 닮았다.

어휘

application 지원, 적용 / molecular 분자의
computerization 전산화 / artificial 인위적인
stimulate 자극하다 / realm 영역
cartography 지도 제작(법) / employ 쓰다, 이용하다

08 ④

해설 20세기 후반 시장 자본주의의 특성과 그 반향에 관한 글이다. 20세기 후반 사회주의가 쇠퇴하고 시장 자본주의가 진화하여 '세계화'되었는데, 이는 무역을 활성화하고 생산성을 향상시켰으나 저임금 노동자와 환경을 착취하고 제3세계를 독점적 자본주의에 종속시키는 문제점도 있었기에, 그에 반대하는 자들이 비정부단체에 가입하고 연합하여 환경 운동을 일으키게 되었다는 내용이다. 따라서 글의 주제로 가장 적절한 것은 ④ '세계 자본주의의 착취적 특성과 그에 맞선 다양한 사회적 반응'이다.

① 과거 개발도상국에서의 세계화의 긍정적 현상

② 20세기 사회주의의 쇠퇴와 자본주의의 출현

③ 세계 자본시장과 좌파 정치조직 사이의 갈등

해석 20세기 후반 사회주의는 서구와 개발도상국의 넓은 지역에서 후퇴하고 있었다. 시장 자본주의 진화의 이 새로운 국면에서, 세계 무역 패턴은 점점 더 상호 연결되었고, 정보 기술의 발전은 규제가 철폐된 금융 시장이 몇 초 만에 국가 경계를 넘어 거대한 자본의 흐름을 바꿀 수 있다는 것을 의미했다. '세계화'는 무역을 활성화하고, 생산성 향상을 장려하고, 가격을 낮췄지만, 비판자들은 그것이 저임금 노동자들을 착취하고, 환경 문제에 무관심하며 제3 세계를 독점적인 형태의 자본주의에 종속시켰다고 주장했다. 이 과정에 반대하고자 했던 서구 사회 내의 많은 급진주의자들은 뒤처진 좌파 정당들보다는 자발적 단체, 자선단체, 그리고 다른 비정부기구들에 가입했다. 환경 운동 자체는 세계가 서로 연결되어 있다는 인식에서 비롯되었으며, 비록 흩어져 있지만, 분노한 이익집단들의 국제 연합이 출현했다.

어휘

retreat 후퇴	phase 단계, 국면
deregulate 규제를 철폐하다	massive 거대한
boost 북돋우다	allege 주장하다
exploit 착취하다	indifferent 무관심한
subject 종속시키다	monopolistic 독점적인
radical 급진주의자	charity 자선단체
marginalize 소외시키다, 처지게 하다	diffuse 분산된
coalition 연합	affirmative 긍정적인
decline 쇠퇴	

UNIT 02 요지·주장 추론

본서 p. 24

01	①	02	③	03	②	04	④	05	①
06	②								

01 ①

해설 소외계층의 학생들이 다른 또래 학생보다 학업 성과에 있어 뒤처지는 경향이 지속되고 있는 문제를 지적하는 글이다. 마지막 문장에서 교육 시스템 전반에서 이러한 교육 격차 문제를 해결하기 위한 노력이 필요함을 주장한 것을 보아, 글의 요지로 가장 적절한 것은 ① '우리는 지속적인 교육 불평등을 해결해야 한다.'이다.

② 교육 전문가는 새로운 학교 정책에 집중해야 한다.

③ 성취도 격차를 해소하기 위해서는 새로운 수업 방식이 필요하다.

④ 교육에 관한 논의에서 가계 소득은 고려되지 않아야 한다.

해석 교육 격차를 해결하기 위한 지속적인 노력에도 불구하고 학생들 간의 지속적인 성취도 격차는 교육 시스템 내의 현저한 불평등을 계속해서 부각하고 있다. 최근 데이터는 저소득층과 취약 계층을 포함한 소외된 학생들이 학업 성취도에 있어 또래 학생들보다 계속해서 뒤처지고 있다는 점을 나타낸다. 이러한 격차는 교육 형평성과 사회 이동을 이루는 데 어려움이 된다. 전문가들은 이러한 격차를 해소하고 사회경제적 지위나 배경과 관계없이 모든 학생에게 동등한 기회를 보장하기 위해 표적화된 개입, 공평한 자원 배분, 포용적 정책의 필요성을 강조한다. 지속적인 교육 격차 문제는 모든 수준의 교육 시스템에서 해결책을 찾기 위한 노력의 일환으로 다루어져야 한다.

어휘

ongoing 지속적인	address 해결하려 하다
disparity 격차	persistent 지속적인
achievement 성취도	gap 차이
highlight 부각하다	significant 현저한
inequity 불평등	marginalized 소외된
low-income 저소득	vulnerable 취약한
lag behind ~에 뒤처지다	pose 제기하다
social mobility 사회 이동성	emphasize 강조하다
targeted 표적화된	intervention 개입
equitable 공평한	allocation 배분
inclusive 포용적인	policy 정책
bridge (공백을) 메우다	ensure 보장하다
irrespective of ~와 관계없이	socioeconomic 사회경제적
deal with ~을 다루다	

02 ③

해설 세계화를 반대하는 사람의 믿음과 달리 경제 성장은 부유한 사람뿐만 아니라 가난한 사람에게도 유익하다는 내용의 글이다. 해외 무역에 대한 개방, 즉 세계화가 전체 경제에 득이 되는 것처럼 가난한 사람에게도 득이 된다고 언급한 마지막 문장이 이 글의 핵심이다. 따라서 글의 요지로 가장 적절한 것은 ③ '세계화는 개인의 경제적 지위에 상관없이 유익할 수 있다.'이다.

① 세계화가 빈부 갈등을 악화시킨다.

② 세계 경제는 가난한 사람들의 희생으로 성장한다.

④ 정부는 경제를 되살리기 위해 무역의 흐름을 통제해야 한다.

해석 정부가 세계 경제의 세 요소인 무역, 정보, 자본의 흐름을 막아서 세계화를 억압하려 할 경우, 도대체 그것이 가난한 사람들에게 어떻게 도움이 될 것인가? 빈부격차가 여전히 지나치게 크다는 것은 부정할 수 없다. 그러나 세계화와 시장 경제의 반대자들이 우리를 믿게 하려고 하듯, 경제 성장이 부유한 사람들에게만 득이 되고 가난한 사람들은 배제한다는 것은 진실이 아니다. 최근 세계은행이 실시한 "(경제) 성장은 가난한 사람들에게 이롭다"라는 제목의 연구는 인구의 하위 20%의 소득과 1인당 국내 총생산의 일대일 대응 관계를 밝힌다. 다시 말해서, 모든 부문의 소득은 같은 비율로 비례하여 증가한다. 그 연구는 해외 무역에 대한 개방이 전체 경제에 득이 되는 것과 같은 정도로 가난한 사람들에게 득이 된다고 언급한다.

어휘

on earth 도대체
strangle 억압하다
stem (흐름을) 막다
disparity 차이
undeniable 부정할 수 없는
opponent 반대자
entitle 제목을 붙이다
per capita 1인당
proportionately 비례해서
at the expense of ~의 희생으로
revive 되살리다

03 ②

해설 부모의 칭찬 방식이 아이들의 발달에 큰 영향을 미치는데, 노력보다 지능으로 칭찬받은 아이들은 실패가 곧 멍청함이라고 받아들여 끈기와 즐거움을 잃고 덜 노력하게 되는 등 부정적인 결과를 보였다는 한 연구에 관한 내용이다. 따라서 글의 요지로 알맞은 것은 ② '지능에 대한 칭찬은 부정적인 효과를 일으킨다.'이다.
① 잦은 칭찬이 아이들의 자존감을 키운다.
③ 아이는 성공을 통해 실패에 대한 두려움을 극복해야 한다.
④ 부모들은 과정보다 결과에 집중해야 한다.

해석 많은 부모가 자녀의 자존감을 형성하는 방법은 자녀가 어떤 것을 얼마나 잘하는지 알려주는 것이라고 말해온 '자존감 운동'에 의해 잘못 인도되어 왔다. 안타깝게도, 인생은 아이들에게 성공과 실패를 통해 그들이 실제로 얼마나 유능하거나 무능한지를 명백히 알려주는 법이기에, 아이들에게 그들의 능력을 납득시키려는 것은 실패할 가능성이 크다. 연구는 자녀를 칭찬하는 방식이 자녀의 발달에 강력한 영향을 미친다는 것을 보여준다. 일부 연구자들은 노력보다는 지능으로 칭찬받은 아이들이 결과에 지나치게 집중하게 된다는 것을 발견했다. 이 같은 아이들은 실패 이후 덜 끈기 있고, 덜 즐거워하고, 실패를 능력이 부족한 탓으로 돌리고, 향후 성취를 위한 노력에서 저조한 성과를 보였다. 아이들을 지능으로 칭찬하는 것이 그들로 하여금 어려움을 두려워하게 만들었는데, 이는 그들이 실패를 멍청함과 동일시하기 시작했기 때문이다.

어휘

misguide 잘못 인도하다
self-esteem 자존감
convince 납득시키다
competence 능력
unequivocally 명백히
capable 유능한
praise 칭찬하다; 칭찬
influence 영향
intelligence 지능
overly 지나치게
persist 끈질기게 계속하다
attribute ~의 탓으로 돌리다
achievement 성취
equate 동일시하다
stupidity 멍청함
frequent 잦은
compliment 칭찬
bring about 일으키다
overcome 극복하다
outcome 결과

04 ④

해설 이 글은 바이러스가 가뭄에 대한 식물의 저항력을 키운 연구 사례를 소개한 후, 이렇듯 숙주에 도움이 되는 바이러스의 역할에 대한 연구의 확장성을 언급하고 있다. 따라서 글의 요지로 가장 적절한 것은 ④ '바이러스는 때때로 숙주에게 해가 되기보다는 도움이 된다.'이다.
① 바이러스는 생물체들의 자급자족을 증명한다.
② 생물학자들은 식물에 바이러스가 없도록 하기 위해 모든 것을 해야 한다.
③ 공생의 원리는 감염된 식물에는 적용될 수 없다.

해석 Roossinck 박사와 그녀의 동료들은 우연히 식물 실험에 널리 사용되는 한 식물의 가뭄에 대한 저항력을 한 바이러스가 증가시켰다는 사실을 발견했다. 관련 바이러스를 이용한 추가 실험은 그 사실이 15종의 다른 식물에도 적용된다는 것을 보여주었다. Roossinck 박사는 현재 다양한 식물의 내열성을 증가시키는 또 다른 유형의 바이러스를 연구하기 위한 실험을 하고 있다. 그녀는 여러 종류의 바이러스가 그들 숙주에게 주는 이점을 더 깊게 이해하기 위해 그녀의 연구를 확장하기를 희망한다. 이는 많은 생물들이 자급자족보다는 공생에 의존한다는, 점점 더 많은 생물학자들이 주장하는 견해를 뒷받침하는 데 도움이 될 것이다.

어휘

colleague 동료
by chance 우연히
resistance 저항력
drought 가뭄
botanical 식물(학)의
true of ~에 적용되는
species 종
heat tolerance 내열성
a range of 다양한
sort 종류
host 숙주
biologist 생물학자
rely on ~에 의존하다
symbiosis 공생
self-sufficient 자급자족할 수 있는
demonstrate 증명하다
virus-free 바이러스가 없는
apply 적용하다
infected 감염된
harm 해치다

05 ①

해설 이 글은 랍비 Lisa Grushcow의 말을 인용하여 'tikkun olam(세상을 고치다)'이라는 유대인 개념에 관해 설명하는 글이다. 인간으로서 우리의 일은 망가진 것을 고치는 것, 즉 더 나은 세상을 만드는 것이라 했으며 자신이 세상에 무슨 도움이 되는지 질문해야 한다고 언급되므로, 글의 요지로 가장 적절한 것은 ① '우리는 세상을 고치기 위해 노력해야 한다.'이다.
② 공동체는 쉼터 역할을 해야 한다.
③ 우리는 선을 믿음으로 개념화해야 한다.
④ 사원은 지역사회에 기여해야 한다.

해석 "유대교에서, 우리는 대개 우리의 행동에 의해 정의된다,"라고 몬트리올의 Emanu-El-Beth Sholom 사원의 수석 랍비인 Lisa Grushcow가 말한다. "당신이 사실 탁상공론적인 박애주의자가 될 수는 없는 것이다." 이 개념은 "세상을 고치다"로 번역되는 tikkun olam이라는 유대인 개념과 관련 있다. 그녀는 인간으로서의 우리의 일이 "망가진 것을 고치는 것이다. 우리 자신과 서로를 돌보는 것뿐만 아니라 우리 주변에 더 나은 세상을 만드는 것이 우리의 의무이다."라고 말한다. 이 철학은 선을 봉사에 기반을 둔 것으로 개념화한다. "내가 좋은 사람인가?"라고 묻는 대신, 당신은 "내가 세상에 무슨 도움을 주는가?"라고 묻고 싶을지도 모른다. Grushcow의 사원은 이러한 믿음을 그들의 공동체 내부와 외부에서 실천으로 옮긴다. 예를 들어, 그들은 1970년대에 캐나다로 오기 위해 베트남에서 온 두 난민 가족을 후원했다.

어휘

Judaism 유대교
senior 고위의, 수석의

armchair 탁상공론식의	do-gooder 공상적 박애주의자
notion 개념	mend 고치다
incumbent on ~에게 의무로 지워지는	conceptualize 개념화하다
sponsor 후원하다	refugee 난민

06 ②

해설 이 글은 대화를 의미 있게 만드는 방법에 대해서 말하고 있다. 글의 중반부에서, 의견을 말하는 것은 중요하지만, 듣지 않고 의견을 내는 것은 냄비와 팬을 함께 쾅쾅 두드리는 것과 같다고 했으므로, 상대방의 말을 듣는 것에 대한 중요성을 강조하고 있다. 따라서 글의 요지로 가장 적절한 것은 ② '우리는 의사소통을 잘하기 위해 듣고 의견을 말해야 한다.'이다.

① 우리는 다른 사람들을 설득하기 위해 더 단호해져야 한다.
③ 우리는 우리가 보는 세상에 대한 믿음을 바꾸는 것을 꺼린다.
④ 우리는 우리가 선택한 것만 듣고 다른 의견을 무시하려고 노력한다.

해석 다른 사람의 생각을 듣는 것은 당신이 자기 자신과 세상 속 당신의 위치뿐만 아니라, 세상에 대해 믿는 이야기가 온전하게 남아 있는지를 알 수 있는 하나의 방법이다. 우리는 모두 우리의 신념을 들여다보고, 환기해 숨 쉬게 할 필요가 있다. 다른 사람들이, 특히 우리가 기초적인 것으로 간주하는 개념에 대해 말하는 것을 듣는 것은 우리의 마음과 정신의 창을 여는 것과 같다. 의견을 말하는 것은 중요하다. 그러나 듣지 않고 이야기하는 것은 냄비와 프라이팬을 쾅쾅 두드리는 것과 같다: 비록 그것이 당신을 주목받게 하더라도, 존중받게 하지는 않을 것이다. 대화가 의미 있게 되기 위해서는 다음과 같은 세 가지 전제 조건이 있다. 1. 당신이 무슨 말을 하고 있는지 알아야 한다. 즉, 당신은 독창적인 요점을 가지고 있고 낡고 진부하거나 미리 만들어진 논거를 그대로 따라 하지 않는다는 것을 의미한다. 2. 당신은 당신과 대화를 나누고 있는 사람들을 존경하고, 비록 당신이 그들의 입장에 동의하지 않더라도 그들을 진정으로 정중하게 대할 의향이 있어야 한다. 3. 당신은 끊이지 않는 좋은 유머와 분별력을 가지고 주제에 대한 당신 자신의 관점을 다루면서 상대방의 말을 들을 수 있을 만큼 똑똑하고 잘 알아야 한다.

어휘

intact 온전한	bang 치다, 때리다
prerequisite 전제 조건	worn-out 낡은
hand-me-down 진부한	pre-fab 미리 만들어진
authentically 진정으로	uninterrupted 끊임없는
discernment 분별력, 안목	

UNIT 03 문단의 일관성

본서 p. 32

01	③	02	④	03	③	04	②	05	③
06	③	07	③						

01 ③

해설 하이브리드 근무 방식, 즉 사무실 출근과 재택근무를 병행하는 근무 형태가 점점 늘어남에 따라 사무실에서 근무하는 일수가 줄어들었는데, 이때 사무실 공간은 별로 줄지 않아 사무실 공간의 밀집도가 크게 감소했다는 내용의 글이다. 따라서 글의 흐름상 어색한 문장은 재택근무를 하는 요일에 대한 선호도를 언급하는 ③이다.

해석 매월 미국 근로자 5,000명과 미국 고용주 500명을 대상으로 실시하는 우리의 설문 조사에 따르면, 사무직 및 지식 근로자 사이에서 하이브리드 근무로의 대규모 전환이 매우 뚜렷하게 보인다. 새로운 표준은 주 3일은 사무실, 2일은 집에서 근무하는 것으로, 이는 현장 근무 일수를 30% 이상 줄였다. 당신은 이러한 단축으로 인해 사무실 공간에 대한 수요가 크게 감소할 것이라고 생각할 수도 있다. 그러나 우리의 설문 조사 데이터는 사무실 공간의 평균 1~2%의 축소를 시사하며, 이는 공간이 아닌 밀집도의 큰 감소를 의미한다. 우리는 그 이유를 이해할 수 있다. 사무실의 높은 밀집도는 불편하며 많은 근로자가 그들 책상 주변에 사람이 붐비는 것을 싫어한다. (직원 대부분이 월요일과 금요일에 재택근무를 하길 원한다.) 밀집도에 대한 불편함은 로비, 주방, 특히 엘리베이터에까지 달한다. 밀집도를 낮출 수 있는 유일하고 확실한 방법은 현장 근무일을 줄이면서 그만큼 제곱피트를 줄이지 않는 것이다. 우리의 설문 조사 증거에 따르면, 밀집도에 대한 불편함은 앞으로도 계속될 것이다.

어휘

survey (설문) 조사	shift 전환
abundantly 매우	emerging 최근 생겨난, 새로운
norm 표준	on site 현장의
cutback 단축	on average 평균적으로
imply 시사하다, 의미하다	reduction 감소
density 밀집도	crowd 인파, 붐빔
discomfort 불편함	extend 달하다, 미치다
sure-fire 확실한	square footage 제곱피트

02 ④

해설 화자가 예전에 들은 한 유명한 편집장의 강연에 대한 이야기를 서술하는 글이다. 그 편집장은 작가가 사람들에게 관심이 있어야 사람들도 그 작가의 이야기를 좋아하게 된다며 사람들에 관심을 가지는 것의 중요성을 강조했다고 말하고 있다. 따라서 글의 흐름상 어색한 문장은 어떤 마술사가 무대에 오를 때마다 자신에게 하는 말을 언급하는 ④이다.

해석 나는 한 번 단편 소설 쓰기 강좌를 들은 적이 있는데, 그 강좌 중에 한 선도적인 잡지의 유명한 편집장이 우리 반에 이야기를 해줬었다. 그는 매일 자신의 책상에 오는 수십 편의 이야기 중 어느 하나든 골라 몇 단락만 읽어도 그 저자가 사람들을 좋아하는지 아닌지를 느낄 수 있다고 말했다. "저자가 사람들을 좋아하지 않는다면, 사람들은 그 또는 그녀의 이야기를 좋아하지 않을 겁니다."라고 그는 말했다. 그 편집장은 소설 쓰기에 대한 강연에서 사람에게 관심을 갖는 것의 중요성을 계속해서 강조했다. (위대한 마술사 Thurston은 그가 무대에 오를 때마다 자신에게 "나는 성공했으니 감사하다."라고 말한다고 했다.) 강연이 끝날 무렵, 그는 "다시 한번 말씀드리겠습니다. 성공적인 이야기 작가가 되고 싶다면 사람들에게 관심을 가져야 합니다."라며 끝맺었다.

어휘

short-story 단편 소설
editor 편집장
dozens of 수십의
stress 강조하다
conclude 끝맺다
renowned 유명한, 명성 있는
leading 선도적인
paragraph 단락
grateful 감사하는

03 ③

해설 수리권 시장의 현황과 발전 가능성에 관한 글로, 인구 증가와 기후 변화로 인해 물이 현재 새로운 금이나 다름없고 앞으로 더욱더 그러할 것이라고 기술된다. 따라서 증류수를 마시는 것이 모두에게 최선인 것은 아니라는 내용의 ③이 글의 흐름상 가장 어색한 문장이다.

해석 수리권 시장은 증가하는 인구가 (물) 부족을 초래하고 기후 변화가 가뭄과 기근을 야기함에 따라 발전할 가능성이 있다. 그러나 그것은 지역적이고 윤리적인 무역 관행에 기반할 것이며 대부분의 상품 거래와는 다를 것이다. 비판자들은 물을 거래하는 것이 비윤리적이거나 심지어 인권 침해라고 주장하지만, 이미 수리권은 오만에서 호주까지 세계의 건조한 지역에서 사고 팔리고 있다. (증류수를 마시는 것은 유익할 수 있지만, 특히 미네랄이 다른 공급원으로 보충되지 않는다면, 모두에게 최선의 선택은 아닐지도 모른다.) Ziad Abdelnour는 "우리는 물이 사실상 이 10년간 그리고 이후 새로운 금으로 바뀔 것이라고 굳게 믿는다."라고 말했다. "스마트 머니가 이 방향으로 공격적으로 움직이고 있는 것은 놀랍지 않다."

어휘

shortage 부족
famine 기근
bulk 대부분
detractor 비판자, 비방자
arid 건조한
supplement 보충하다
drought 가뭄
ethical 윤리적인
commodity 상품
breach 위반, 침해
distill 증류[정제]하다
aggressively 공격적으로

04 ②

해설 이 글은 15세기 자연 철학 발전의 중심이 되었던 Aristotle에 관해 이야기하고 있다. 따라서 인쇄기의 힘을 빠르게 깨달은 인문주의자들에 대한 내용인 ②가 글의 흐름상 가장 어색한 문장이다.

해석 15세기에는 과학, 철학, 마술 사이에 구분이 없었다. 셋 모두 '자연 철학'이라는 일반 주제에 포함되었다. 고전 작가들의 회복이(기초를 되찾는 것이) 자연 철학 발전의 중심이었는데, 가장 중요한 것은 Aristotle의 작품이었다. (인문주의자들은 그들의 지식을 전파하는 인쇄기의 힘을 빠르게 깨달았다.) 15세기 초에 Aristotle는 철학과 과학에서 모든 학문적 고찰의 기반으로 남아있었다. Averroes와 Avicenna의 아랍어 번역과 주해에서 계속 살아 있는 Aristotle는 인류와 자연계의 관계에 대한 체계적인 시각을 제공했다. 그의 「Physics」, 「Metaphysics」, 「Meteorology」 같이 살아남은 원문들은 학자들에게 자연계를 창조한 힘을 이해할 수 있는 논리적 도구들을 제공했다.

어휘

humanist 인문주의자
scholastic 학자의, 학문의
metaphysics 형이상학
printing press 인쇄기
speculation 고찰, 추측
meteorology 기상학

05 ③

해설 스트레스 해소, 학업 성적 향상, 기분 전환, 환경 보호 의식 형성 등 자연에서 아이들이 시간을 보내는 것의 이점을 설명하는 글이다. 따라서 글의 흐름상 어색한 문장은 야외 활동의 부정적인 영향을 언급하는 ③이다.

해석 어린 자녀를 둔 부모나 보호자라면 누구나 집 밖으로 나가고 싶은 다급한 충동과 가까운 공원으로의 짧은 소풍이 주는 마법 같은 회복 효과를 경험해 보았을 것이다. 이곳에서는 아마 단순히 스트레스를 푸는 것보다 더 많은 일이 일어나고 있을 것이다. 학업 성취도 향상부터 기분과 집중력 향상에 이르기까지 자연과 함께하는 아이들이 얻는 이점은 매우 크다. (야외 활동은 그들이 가족과 함께 좋은 시간을 보내기 어렵게 만든다.) 어린 시절의 자연 체험은 또한 성인이 되었을 때 환경 보호 의식을 높일 수 있다. 도시의 녹지 공간에 대한 접근성은 아이들의 사회적 네트워크와 교우 관계에 일조할 수 있다.

어휘

guardian 보호자
urge 충동
let off steam 스트레스를 풀다
performance 성과, 성취
boost 높이다
urban 도시의
desperate 다급한
restorative 회복시키는
academic 학업의
quality 좋은
access 접근성
play a role in ~에 일조하다

06 ③

해설 이 글은 좋은 논쟁의 기술이 인생에서 매우 중요하다는 것을 설명한다. 아이들의 창의력을 키우기 위해선 그들을 갈등에 노출해야 한다는 내용이므로, 그와 반대인 평화로운 환경의 노출이 중요하다는 내용의 ③이 글의 흐름상 가장 어색한 문장이다.

해석 좋은 논쟁을 하는 기술은 인생에서 매우 중요하다. 하지만 이것은 몇 안 되는 부모들만이 아이들에게 가르치는 것이다. 우리는 아이들에게 안정적인 가정을 주고 싶어서 형제자매들이 싸우는 것을 막고 우리 자신의 논쟁을 비밀리에 한다. 하지만 만약 아이들이 의견 충돌에 노출되지 않는다면, 우리는 결국 그들의 창의력을 제한할 수도 있다. (아이들은 평화로운 환경에서 많은 칭찬과 격려와 함께 자유롭게 브레인스토밍을 할 때 가장 창의적이다.) 창의력이 뛰어난 사람들은 긴장감이 넘치는 가정에서 자라는 경우가 많은 것으로 드러났다. 그들은 주먹다짐이나 인신공격에 둘러싸여 있는 것이 아니라, 진정한 의견 충돌에 둘러싸여 있는 것이다. 30대 초반의 어른들에게 상상력이 풍부한 이야기를 쓰라고 했을 때, 가장 창의적인 이야기는 25년 전에 부모가 가장 많은 갈등을 겪었던 사람들에게서 나왔다.

어휘

critical 매우 중요한
sibling 형제자매
behind closed doors 비밀리에
fistfight 주먹다짐
conflict 갈등
stable 안정적인
quarrel 다투다
praise 칭찬
insult 모욕

07 ③

해설 비판적 사고에 있어 감정이 드러나지 않을 수 없으며, 반대되는 의견에 부딪히면 여러 감정이 드러나게 되므로 감정을 잘 관리하여 자신의 의견을 설득력 있게 주장해야 한다는 내용의 글이다. 따라서 글의 흐름상 어색한 문장은 여러 관점에서 같은 정보를 바라보는 것이 중요치 않다는 내용의 ③이다.

해석 비판적 사고는 감정적이지 않은 과정처럼 들리지만, 감정 그리고 심지어는 격렬한 반응을 끌어들일 수 있다. 특히, 우리는 자신의 의견이나 신념과 모순되는 증거를 싫어할지도 모른다. 증거가 도전적인 방향을 가리키면, 그것은 예상치 못한 분노감, 좌절감 또는 불안감을 일으킬 수 있다. 학계는 전통적으로 스스로 논리적이며 감정이 없다고 간주하기를 좋아하기 때문에, 감정이 드러날 경우 이는 특히 힘들어질 수 있다. (예를 들어, 같은 정보를 여러 관점에서 바라보는 것은 중요하지 않다.) 이러한 상황에서 당신의 감정을 관리할 수 있는 것은 유용한 기술이다. 침착함을 유지하고 근거를 논리적으로 제시할 수 있다면, 당신은 자신의 관점을 설득력 있게 더 잘 주장할 수 있을 것이다.

어휘

contradict 모순되다
free of ~이 없는
convincing 설득력 있는
rouse 불러일으키다
emerge 생겨나다

UNIT 04 연결사 추론

본서 p. 44

01	②	02	①	03	②	04	①	05	④

01 ②

해설 이 글은 홈스쿨링을 찬성하는 입장과 반대하는 입장에 대해서 각각 설명하고 있다. (A) 앞에서는 홈스쿨링을 찬성하는 입장에 대한 이야기가 나오고 있고, (A) 뒤에서는 홈스쿨링을 반대하는 입장에 대한 이야기가 나오고 있으므로, (A)에 들어갈 연결사로 가장 적절한 것은 In contrast이다. (B) 앞에서는 홈스쿨링을 하는 학생들도 다른 학생들만큼 사회 정서 발달이 이루어진다는 연구 결과를 보여주면서 홈스쿨링을 찬성하는 입장에 대해서 말하고 있는데, (B) 뒤에서는 부모가 효과적으로 아이들을 가르칠 수 없다는 우려를 언급하면서 홈스쿨링을 반대하는 입장에 대해서 말하고 있다. 따라서 (B)에 들어갈 연결사로 적절한 것은 In spite of this이다.

해석 홈스쿨링을 지지하는 사람들은 아이들이 안전하고 사랑이 넘치는 환경에 있을 때 더 잘 배운다고 믿는다. 많은 심리학자들이 집을 가장 자연적인 학습 환경으로 보고 있으며, 원래 집은 학교가 설립되기 훨씬 전부터 교실이었다. 홈스쿨링을 하는 학부모들은 자녀의 교육을 감시할 수 있고 전통적인 학교 환경에서는 부족한 관심을 줄 수 있다고 주장한다. 학생들은 또한 무엇을 공부할지, 언제 공부할지 고르고 선택할 수 있기 때문에, 자신의 속도에 따라 배울 수 있다. 그에 반해서, 홈스쿨링을 비판하는 사람들은 교실에 없는 아이들은 또래와의 상호작용이 거의 없기 때문에 중요한 사회적 기술을 배우는 것을 놓친다고 말한다. 그러나 몇몇 연구들은 가정에서 교육받는 아이들이, 그들의 복지에 신경을 쓰는 부모들의 지도와 함께 가정의 편안함과 안정감 속에서 더 많은 시간을 보내면서, 다른 학생들만큼 사회 정서적 발달에 있어서 잘하는 것처럼 보인다는 것을 보여주었다. 그럼에도 불구하고, 많은 홈스쿨링 비판자들은 그들의 아이들을 효과적으로 가르칠 수 있는 부모들의 능력에 대한 우려를 제기해 왔다.

어휘

advocate 옹호자, 지지자
setting 환경
peer 또래
psychologist 심리학자
miss out on ~을 놓치다
welfare 행복, 복지

02 ①

해설 이 글은 적극적 행동과 공격적 행동을 비교하고 있다. (A) 앞에는 적극적 행동과 적극적 행동을 보이는 사람들에 대한 긍정적인 설명이 나오고, 뒤에는 공격적 행동과 공격적 행동을 보이는 사람들에 대한 부정적인 설명이 나와 두 대상이 대조되고 있으므로, (A)에 들어갈 연결사로 가장 적절한 것은 In contrast이다. 또한 (B) 앞에서는 공격적 행동을 보이는 사람들이 타인의 권리를 자신의 것보다 아래로 본다는 내용이 나오고, 뒤에서는 그들이 좋은 대인관계를 유지하기 어렵다는 부정적인 내용이 이어지고 있다. 즉, 타인의 권리를 무시하여 대인관계에서 어려움을 겪는다는 인과관계가 성립되므로, (B)에 들어갈 연결사로 가장 적절한 것은 Thus이다.

해석 적극적 행동은 타인의 권리를 침해하지 않는 직접적이고 적절한 방식으로 당신의 권리를 옹호하고 당신의 생각과 감정을 표현하는 것을 수반한다. 그것은 상대방이 당신의 관점을 이해하게 하는 일이다. 적극적 행동 기술을 보이는 사람들은 좋은 대인관계를 유지하면서 갈등 상황을 쉽고 확실하게 처리할 수 있다. 그에 반해서, 공격적 행동은 타인의 권리를 공공연히 침해하는 방식으로 당신의 생각과 감정을 표현하고 당신의 권리를 지키는 것을 수반한다. 공격적 행동을 보이는 사람들은 타인의 권리가 자신의 권리보다 부차적이어야 한다고 믿는 것처럼 보인다. 따라서, 그들은 좋은 대인관계를 유지하는 데 어려움을 겪는다. 그들은 지배력을 유지하기 위해 담화를 방해하고, 빠르게 말하고, 타인을 무시하며, 빈정대는 말이나 다른 형태의 언어폭력을 사용하기 쉽다.

어휘

assertive 적극적인, 확신에 찬 / stand up for ~을 옹호하다, 지지하다
appropriate 적절한 / assurance 확신
aggressive 공격적인 / subservient 부차적인, 종속하는
sarcasm 빈정댐, 비꼼 / verbal abuse 언어폭력, 폭언

03 ②

해설 다양한 애도 문화에 관한 글이다. (A) 앞엔 Hopi족이 고인을 최대한 빨리 잊고 삶을 이어간다는 내용이 나오고, 뒤에서 Hopi족의 장례 의식은 인간과 영혼 간의 단절이라고 자세한 내용을 덧붙이고 있으므로, (A)에 들어갈 연결사로 적절한 것은 In fact 또는 Therefore이다. 또한 (B)의 앞뒤로 슬픔을 극대화하는 이집트와 최소화하는 발리가 대조되어 서술되므로, (B)에 들어갈 연결사로 가장 적절한 것은 By contrast이다.

해석 죽은 사람들과의 유대를 유지하는 것에 대한 믿음은 문화마다 다르다. 예를 들면, 일본의 종교의식에서는 고인과 유대를 유지하는 것이 수용되고 지속된다. 하지만 Arizona의 Hopi 인디언들 사이에서는 고인이 가능한 한 빨리 잊히고 삶은 평소와 같이 계속된다. 실제로, Hopi의 장례 의식은 인간과 영혼 사이의 단절로 끝난다. 애도의 다양성이 이집트와 발리, 두 이슬람교 사회에서보다 더 명확한 곳은 없다. 이집트의 이슬람교도 사이에서 유족들은 비슷하게 비극적인 이야기와 관련 있고 자신의 슬픔을 표현하는 다른 사람들에게 둘러싸여 그들의 슬픔을 길고 찬찬히 생각하도록 권해진다. 반대로, 발리에서는 이슬람교 유족들이 슬퍼하기보다는 웃고 기뻐하도록 권해진다.

어휘

ties 유대 / deceased 사망한
ritual 의식 / funeral 장례식(의)
break-off 단절 / mortal 인간
grieve 슬퍼하다, 애도하다 / bereaved 사별한, 유족이 된
dwell on ~을 곱씹다, 찬찬히 생각하다 / account 이야기
sorrow 슬픔

04 ①

해설 친구를 자주 보면 만나는 시간이 줄어들고 자주 보지 않으면 만나는 시간이 늘어난다는 서술 이후 (A) 뒤에서 그에 대한 구체적인 예시가 제시되므로, (A)에 들어갈 연결사로 가장 적절한 것은 For example이다. 또한 연인 관계에서는 지속 시간과 빈도가 둘 다 매우 높다는 (B) 뒤의 내용은 지속 시간과 빈도가 역관계라는 앞의 내용과 반대되므로, (B)에 들어갈 연결사로 가장 적절한 것은 Conversely이다.

해석 지속 시간은 빈도와 반비례 관계를 갖는다. 당신이 친구를 자주 만난다면, 만남의 지속 시간은 더 짧아질 것이다. 반대로 친구를 자주 보지 않으면, 만남의 지속 시간은 보통 상당히 늘어날 것이다. 예를 들어, 만약 당신이 친구를 매일 본다면, 당신은 사건이 전개되면서 일어나는 일을 알 수 있으므로 만남의 지속 시간이 짧을 수 있다. 하지만 만약 당신이 친구를 일 년에 두 번만 본다면, 만남의 지속 시간은 더 길어질 것이다. 오랫동안 보지 못한 친구와 식당에서 저녁을 먹었던 때를 돌이켜 봐라. 당신은 아마 서로의 삶을 알아내는 데 몇 시간을 보냈을 것이다. 만약 당신이 정기적으로 그 사람을 본다면 같은 저녁 식사 시간은 상당히 더 짧을 것이다. 반대로, 연인 관계에서는 커플들, 특히 새로 생긴 커플들이 서로 가능한 한 많은 시간을 보내고 싶어 하므로 빈도와 (만남의) 지속 시간이 매우 높다. 관계의 강도 또한 매우 높을 것이다.

어휘

duration 지속 (시간) / inverse 역의, 반비례의
frequency 빈도 / significantly 상당히
keep up with ~을 알다 / catch up on ~을 알아내다
minted 최근에 생겨난 / intensity 강도

05 ④

해설 이 글은 가상현실 체험의 청각적 구성요소의 한계를 서술한다. (A) 앞에는 가상현실에 시각적인 것 이상이 필요하다는 내용이 있으므로, 가상 경험이 산산조각 난다는 뒤 문장의 주절 내용이 성립하려면 청각적인 것이 시각적인 것과 일치하지 않아야 할 것을 알 수 있다. 따라서 (A)에 들어갈 연결사로 가장 적절한 것은 Unless이다. 또한 (B) 앞에는 청각적으로 현실감 있는 텔레비전에 관한 가정이 나오다가, 뒤에는 오늘날의 오디오 장비의 음향 효과가 설득력 있는 소리 재현을 하지 못한다는 내용이 이어지므로, (B)에 들어갈 연결사로 적절한 것은 Unfortunately이다.

해석 오늘날 가상현실(VR) 경험의 시각적 구성요소를 만드는 기술은 널리 접근 가능하고 저렴하게 전환되고 있다. 그러나 강력하게 작동하기 위해서는 가상현실은 시각적인 것 이상의 것이 필요하다. 당신이 듣고 있는 것이 확실하게 시각적인 것과 일치하지 않는다면, 가상 경험은 산산조각이 난다. 농구 경기를 예로 들어 보자. 만약 선수들, 코치들, 아나운서들, 그리고 관중들이 모두 코트에 앉아 있는 것처럼 들린다면, 당신은 텔레비전으로 경기를 보는 것이 좋을 것이다. 당신은 그것으로 충분히 당신이 "거기"에 있다는 느낌을 받을 것이다. 불행하게도, 오늘날의 오디오 장비와 널리 사용되는 녹음 및 재생 형식은 단순히 먼 행성의 전쟁터 소리, 코트의 농구 경기, 또는 커다란 공연장의 첫 번째 줄에서 들려오는 교향곡 소리를 설득력 있게 재현하는 임무에 적합하지 않다.

어휘

component 요소 / accessible 접근이 쉬운
affordable 저렴한, 입수 가능한 / convincingly 납득이 가도록
equipment 장비 / inadequate 불충분한
symphony 교향곡

UNIT
05 문장 삽입·순서 배열

본서 p. 53

01	③	02	②	03	③	04	②	05	①
06	③	07	②	08	③	09	③	10	②
11	③	12	③	13	②	14	③	15	③
16	④								

01 ③

해설 주어진 글은 인간의 언어가 원숭이와 유인원을 포함한 다른 동물들의 의사소통보다 훨씬 더 정교하다는 내용으로, 그다음에 인간과 가장 가까운 영장류조차 인간 언어를 제대로 습득할 수 없으며 그 복잡한 언어가 종 특이성이라는 내용의 (C)가 오는 것이 자연스럽다. 그 이후에는 역접의 연결사 That said로 시작하여 그래도 자연에서 많은 종이 각자의 복잡한 의사소통 체계를 가진다고 설명하는 (A)가 오고, 마지막으로 (A)의 many species를 they로 받아 많은 종이 인위적인 상황에서는 훨씬 더 복잡한 체계를 배울 수 있다고 마무리하는 (B)가 와야 한다. 따라서 글의 순서로 가장 적절한 것은 ③ '(C) - (A) - (B)'이다.

해석 확실히, 인간의 언어는 원숭이와 유인원의 확연히 제한된 발성으로부터 두드러진다. 게다가, 그것은 어느 다른 형태의 동물 의사소통을 훨씬 능가하는 정도의 정교함을 보여준다. (C) 심지어 우리의 가장 가까운 영장류 사촌들조차 몇 년 동안 집중적인 훈련을 받은 후에도 기초 의사소통 체계 그 이상은 습득할 수 없는 것처럼 보인다. 언어라는 복잡성은 확실히 종의 고유 특성이다. (A) 그렇긴 해도, 많은 종들은 인간의 언어에는 크게 못 미치지만, 그럼에도 불구하고 자연 환경에서 인상적으로 복잡한 의사소통 체계를 참으로 보여준다. (B) 그리고 그들은 인간과 함께 길러지는 경우와 같이, 인위적인 상황에서 훨씬 더 복잡한 체계들을 배울 수 있다.

어휘

stand out from ~에서 두드러지다
decidedly 확실히
restricted 제한된
vocalization 발성(법)
ape 유인원
sophistication 정교함
fall short of ~에 못 미치다
impressively 인상적으로
artificial 인위적인
alongside ~와 함께
primate 영장류
incapable of ~할 수 없는
rudimentary 기초의
intensive 집중적인
species-specific 종 특이(성)의
trait 특성

02 ②

해설 인공지능에 대한 종말론적인 인식이 몇 년 전만 해도 팽배했다고 말하는 주어진 글 다음에는, 그 시기 중 2014년을 예로 들어 그 당시 언급되었던 AI에 대한 부정적인 의견들을 서술하는 (B)가 와야 한다. 그다음에는 그 부정적인 의견들을 however로 반전시켜, 최근엔 상황이 달라지기 시작했다며 AI가 무서운 존재에서 사람들이 활용할 수 있는 것으로 바뀌었다고 말하는 (A)가 오는 것이 적절하다. 마지막으로 그 변화를 This shift로 받아, 변화의 이유를 설명하는 (C)가 오는 것이 자연스럽다. 따라서 글의 순서로 가장 적절한 것은 ② '(B) - (A) - (C)'이다.

해석 몇 년 전만 해도 인공지능(AI)에 대한 모든 대화는 종말론적인 예측으로 끝나는 것 같았다. (B) 2014년에 그 분야의 한 전문가는 AI를 통해 우리는 악마를 소환하고 있다고 말했고, 노벨상을 수상한 한 물리학자는 AI가 인류의 종말을 불러올 수 있다고 말했다. (A) 하지만 최근에는 상황이 달라지기 시작했다. AI는 무서운 블랙박스에서 사람들이 다양한 활용 사례에 이용할 수 있는 무언가로 바뀌었다. (C) 이러한 변화는 이 기술들이 마침내 산업에서 상당 규모로, 특히 시장 기회를 위해 탐구되고 있기 때문이다.

어휘

artificial intelligence 인공지능
apocalyptic 종말론적
prediction 예측
summon 소환하다
demon 악마
physicist 물리학자
spell (보통 나쁜 결과를) 가져오다, 불러오다
human race 인류
shift 변화
explore 탐구하다
at scale 상당한 규모로

03 ③

해설 주어진 문장은 심장을 펌프에 빗대는 것이 '진정한' 비유라는 내용으로, 그 이전에는 진정하지 않은 비유가 제시되었을 것을 유추할 수 있다. ③ 앞에는 장미와 카네이션이 같은 속이기에 비유할 만하지 않다는 내용이 나오고, 뒤부터 These는 본질적으로 서로 다른 존재지만 중요한 특성을 공유한다는 내용이 나오므로, These가 주어진 문장의 심장과 펌프임을 알 수 있다. 또한 ③ 뒤 문장에서 언급되는 특성들은 전부 심장과 펌프에 해당하는 내용이므로, 주어진 문장이 들어갈 위치로 가장 적절한 곳은 ③이다.

해석 비유는 두 가지가 매우 근본적인 많은 면에서 비슷하다고 주장되는 수사적 표현이다. 그것들의 구조, 그것들의 부분의 관계, 또는 그것들이 기여하는 본질적인 목적은 유사하지만, 그 두 가지는 또한 크게 다르기도 하다. 장미와 카네이션은 비유할 만하지 않다. 그것들은 둘 다 줄기와 잎을 가지고 있으며 둘 다 빨간색일 수 있다. 그러나 그것들은 같은 속이기 때문에, 같은 방식으로 이러한 특성들을 드러낸다. 하지만 심장을 펌프에 빗대는 것은 진정한 비유이다. 이것들은 본질적으로 서로 다른 것들이지만, 그것들은 기계적인 장치(기관), 밸브(판막)의 보유, 압력을 증가시키고 감소시키는 능력, 유체를 이동시킬 수 있는 능력 등 중요한 특성들을 공유한다. 그리고 심장과 펌프는 다른 방식으로 다른 맥락에서 이러한 특성들을 드러낸다.

어휘

genuine 진짜의
analogy 비유
figure of speech 수사적 표현
assert 주장하다
fundamental 근본적인
stem 줄기
genus 속(屬)
disparate 본질적으로 다른
apparatus 장치, 기관
valve 밸브, 판막
fluid 유체

04 ②

해설 객관적인 성과 지표와 달리 주관적으로 자신의 성과를 평가하는 데 있어 뚜렷한 정답은 없다고 하면서도 그것을 잘할 필요성을 설명하는 글이다. Yet으로 시작하는 주어진 문장은 하지만 그러한 자기 평가에 대한 요청이 경력 전반에 만연해 있다는 내용이다. 따라서 주어진 문장 앞에는 그런 자기 평가가 자주 이루어지는 것과 대비되는 점, 즉 그것의 어려움과 같은 부정적인 내용이 나오는 것이 적절하며 뒤에는 주어진 문장에 대한 부연이 오는 것이 자연스럽다. ② 앞에서 주관적으로 자기 성과를 설명하는 방법은 불분명하고 그에 대한 정답은 없다고 했으며, 뒤에는 입학, 입사, 면접, 성과 평가, 회의 등 주어진 문장의 pervasive throughout one's career 부분을 부연하는 내용이 나와 있다. 또한 주어진 문장의 such self-assessments는 ② 앞의 how to subjectively describe your performance를 가리키는 것을 알 수 있으므로, 주어진 문장이 들어갈 위치로 가장 적절한 것은 ②이다.

해석 회계 분기가 막 끝났다. 당신의 상사가 당신에게 이번 분기에 매출 면에서 당신이 얼마나 좋은 성과를 냈는지 물어보기 위해 잠시 들른다. 당신은 당신의 성과를 어떻게 설명하는가? 훌륭하다고? 좋다고? 형편없다고? 누군가가 당신에게 객관적인 성과 측정 기준(예를 들어, 이번 분기에 당신이 몇 달러의 매출을 가져왔는지)에 대해 물어볼 때와 달리, 주관적으로 당신의 성과를 설명하는 방법은 종종 불분명하다. 정답은 없다. 하지만, 그러한 자기 평가에 대한 요청은 경력 전반에 걸쳐 만연해 있다. 당신은 입학 지원서, 입사 지원서, 면접, 성과 평가, 회의 등(이 목록은 계속된다)에서 자신의 성과를 주관적으로 설명하라는 요청을 받는다. 당신이 어떻게 자신의 성과를 설명하는지가 바로 우리가 자기 홍보의 수준이라고 부르는 것이다. 자기 홍보는 업무에 만연한 부분이기 때문에 자기 홍보를 더 많이 하는 사람이 채용되고, 승진하고, (연봉) 인상 또는 상여금을 받을 가능성이 더 클 수 있다.

어휘

self-assessment 자기 평가
fiscal quarter 회계 분기
in terms of ~면에서
performance 성과
metric 측정 기준
application 지원서
hire 채용하다
raise 인상
pervasive 만연하는
come by 들르다
describe 묘사[설명]하다
objective 객관적인
subjectively 주관적으로
self-promotion 자기 홍보
promote 승진시키다
bonus 상여금

05 ①

해설 환경운동의 일환인 재생 에너지 지원 조직들에 관한 글이다. 기후 변화에 대한 우려가 커지면서 환경운동가들이 재생 에너지 지원 캠페인까지 조직하게 되었다는 주어진 글 이후엔, 그에 대한 구체적인 예시로 영국의 환경운동가들이 풍력발전소 소유자들로 구성된 the Westmill Wind Farm Co-operative를 결성했다는 내용의 (C)가 오는 것이 자연스럽다. 그다음에는 (C)의 마지막 문장에서 언급된 the Westmill Solar Co-operative를 This solar cooperative로 받아 이 태양광 협동조합이 의미하는 바를 설명하는 (A)가 오고, 마지막으로 Similarly로 이어서 미국에서도 재생 에너지를 지지하는 Clean Energy Collective가 설립되었다는 내용의 (B)가 와야 한다. 따라서 글의 순서로 가장 적절한 것은 ① '(C) - (A) - (B)'이다.

해석 지구 기후 변화에 대한 우려가 커지면서 운동가들은 화석 연료 추출 소비 반대 캠페인뿐만 아니라 재생 에너지 지원 캠페인까지 조직하게 되었다. (C) 영국 정부가 재생 에너지 산업의 성장을 빠르게 가속하지 못한 것에 실망한 환경운동가들은 Westmill Wind Farm Co-operative를 결성했는데, 이는 2,500가구가 사용하는 정도의 전기를 1년간 생산하는 것으로 추산되는 육상 풍력발전소를 소유한 2,000명 이상의 회원을 거느린 지역사회 소유 단체이다. Westmill Wind Farm Co-operative는 지역 시민들에게 Westmill Solar Co-operative를 결성하도록 격려했다. (A) 이 태양광 협동조합은 1,400가구에 전력을 공급하기 충분한 에너지를 생산하여 국내 최초의 대규모 태양광 발전소 협동조합이 되었으며, 회원들의 말에 따르면 태양광 발전이 "일반인들이 자신의 옥상에서뿐만 아니라 유틸리티 규모로도 청정 전력을 생산할 수 있는 지속 가능하고 '민주적인' 에너지 공급의 새로운 시대"를 나타낸다는 것을 눈에 띄게 상기시켜 준다. (B) 마찬가지로, 미국의 재생 에너지 지지자들은 Clean Energy Collective를 설립했는데, 이는 "참여형 유틸리티 고객들이 공동으로 소유하는 중규모 시설을 통해 청정 전력 발전을 제공하는 모델"을 개척한 회사이다.

어휘

fossil fuel 화석 연료
era 시대
enthusiast 열렬한 지지자
onshore 육지의
extraction 추출
democratic 민주적인
pioneer 개척하다
inspire 고무하다

06 ③

해설 주어진 글은 정부 행정에 의존하는 문명의 대표적 예시로서 고대 로마를 소개하는 내용으로, 주어진 글에서 언급된 civilization이라는 단어에 대한 설명을 덧붙이는 (B)가 이후에 오는 것이 적절하다. 그다음으로, civilization이라는 단어는 'civis'라는 라틴어로부터 유래한다는 (B) 내용에 대해 라틴어가 고대 로마의 언어였다고 부연하며 다시 로마에 대한 설명을 이어가는 (C)가 와야 한다. 마지막으로, (C)에서 소개된 로마의 방대한 영토를 an area that large로 받아, 그토록 넓은 영역을 통치하기 위해서는 효과적인 정부 행정 시스템이 필요했다며 글을 마무리하는 (A)가 오는 것이 자연스럽다. 따라서 글의 순서로 알맞은 것은 ③ '(B) - (C) - (A)'이다.

해석 모든 문명은 정부 행정에 의존한다. 고대 로마보다 이것의 좋은 예가 되는 문명은 아마 없을 것이다. (B) 실제로, '문명'이라는 단어 자체는 '시민'을 의미하는 라틴어 단어 'civis'에서 유래한다. (C) 라틴어는 지중해 유역에서부터 북쪽의 영국 일부와 동쪽의 흑해까지 영토가 뻗어 있던 고대 로마의 언어였다. (A) 현재 이탈리아의 중앙인 곳에 기반을 두었던 로마인들이 그토록 넓은 영역을 통치하기 위해선 효과적인 정부 행정 시스템이 필요했다.

어휘

civilization 문명
administration 행정
ancient 고대의
territory 영토
Mediterranean 지중해의
rely on ~에 의존하다
exemplify ~의 예가 되다
based in ~에 기반을 둔
stretch 뻗어 있다
basin 유역

07 ②

해설 주어진 글은 영화와 스포츠 스타에 대한 관심이 그들이 활약하는 분야를 넘어선다는 내용으로, 뒤에는 이와 관련하여 먼저 할리우드 배우의 사생활이 언론의 중심이 되는 점을 서술하는 (B)가 와야 한다. 이때 (A)에서 similarly라는 표현이 나오는데, 그 내용을 보면 스포츠 선수가 평상시의 모습일 때 하는 행동도 '마찬가지로' 대중의 관심을 끈다는 것이므로, (B)에 자연스럽게 이어지는 것을 알 수 있다. 마지막으로, 앞서 언급된 영화계와 스포츠계를 Both industries로 받으며 두 산업이 such attention, 즉 (A)에서 언급된 public attention을 장려한다는 내용의 (C)가 와야 한다. 이후에는 그 둘을 구분하는 차이를 언급하며 글을 마무리하고 있으므로, 글의 순서로 적절한 것은 ② '(B) - (A) - (C)'이다.

해석 영화와 스포츠 스타에 대한 관심은 극장과 경기장에서의 그들의 활약을 넘어선다. (B) 신문 칼럼, 전문 잡지, 텔레비전 프로그램, 웹 사이트는 유명 할리우드 배우의 사생활을 때로는 정확하게 기록한다. (A) 유니폼을 입지 않은(평상시 모습의) 뛰어난 야구, 축구, 농구 선수의 행동도 마찬가지로 대중의 관심을 끈다. (C) 두 업계 모두 이러한 관심을 적극적으로 장려하는데, 이는 관객을 늘리고, 따라서 수익을 증가시킨다. 하지만 그들을 구분하는 근본적인 차이가 있는데, 그것은 스포츠 스타가 생계를 위해 하는 일이 영화 스타가 하는 일과는 다르게 진정성이 있다는 점이다.

어휘

performance 활약
doing 행동
celebrated 유명한
actively 적극적으로
expand 늘리다
fundamental 근본적인
arena 경기장
specialized 전문적인
accurately 정확하게
promote 장려하다
revenue 수익
authentic 진정성 있는

08 ③

해설 주어진 글에서 산업화 이전에는 시간을 알기 위해 태양이나 달을 사용했다고 나오는데, 이러한 자연적 방법과 반대되는 개념으로 (B)에서 기계식 시계의 등장과 연결되는 것이 자연스럽다. 그 후 (C)에서 나오는 These clocks가 (B)에 나오는 기계식 시계를 받아 연결하는 것이 자연스럽다. (C)의 마지막에 시계를 반복적으로 재설정해야 한다는 말과, 약 70개의 다른 시간대가 있었다는 내용이 (A)에서 시간 기준이 없다는 내용과 이어지는 것이 자연스럽다. 따라서 글의 순서로 가장 적절한 것은 ③ '(B) - (C) - (A)'이다.

해석 요즘에는 시계가 우리의 삶을 너무나 지배하고 있어서 시계가 없는 삶은 상상하기 어렵다. 산업화 이전에 대부분의 사회는 시간을 알기 위해 태양이나 달을 사용했다. (B) 기계식 시계가 처음 등장했을 때, 그것들은 즉시 인기가 있었다. 벽에 거는 시계나 손목에 차는 시계를 가지는 것이 유행이었다. 사람들은 시간을 알려주는 이 새로운 방법을 언급하기 위해 "of the clock" 또는 "o'clock"이라는 표현을 발명했다. (C) 이 시계들은 장식적이었지만 항상 유용한 것은 아니었다. 마을과 지방, 심지어 이웃 마을까지도 시간을 알 수 있는 방법이 달랐기 때문이었다. 여행자들은 한 장소에서 다른 장소로 이동할 때 시계를 반복적으로 재설정해야 했다. 미국에서는 1860년대에 약 70개의 다른 시간대가 있었다. (A) 커지는 철도망에 있어, 시간 기준이 없다는 사실이 재앙이었다. 종종, 몇 마일 떨어져 있는 역들은 다른 시간에 시계를 맞추었다. 여행자들에게는 많은 혼란이 있었다.

어휘

industrialization 산업화	tell the time 시간을 보다[알다]
disaster 재앙	confusion 혼란
repeatedly 반복적으로	

09 ③

해설 Lamarck의 획득 형질 유전설에 관한 내용이다. Lamarck가 생물은 특정 신체 부위의 사용 및 미사용으로 특정 형질을 발달시킨다고 제안했다는 내용의 주어진 글 뒤엔, certain characteristics를 these characteristics로 받아 이것이 자손에게 전해진다는 Lamarck의 주장을 덧붙이는 (B)가 와야 한다. 그 다음엔 For example로 시작하여 그 유전에 관한 자세한 예를 제시하는 (C)가 오고, 이후 캥거루의 강력한 뒷다리가 획득 형질 유전의 결과라는 (C)의 내용을 this로 받아 증거는 없지만 Lamarck의 가설에 중요한 의의가 있다고 마무리 짓는 (A)가 와야 한다. 따라서 글의 순서로 가장 적절한 것은 ③ '(B) - (C) - (A)'이다.

해석 오늘날, Lamarck는 적응이 어떻게 진화하는지에 대한 잘못된 설명으로 많은 부분에 있어 부당하게 기억된다. 그는 생물이 특정 신체 부위를 사용하거나 사용하지 않음으로써 특정 형질을 발달시킨다고 제안했다. (B) Lamarck는 이러한 형질이 자손에게 전해질 것이라고 생각했다. Lamarck는 이 생각을 '획득 형질 유전'이라고 불렀다. (C) 예를 들어, Lamarck는 캥거루의 강력한 뒷다리가 조상들이 뛰면서 그들의 다리를 강화하고 그 획득한 다리 힘을 자손에게 전한 결과라고 설명할 수 있다. 그러나 획득 형질은 유전되기 위해선 특정 유전자의 DNA를 어떻게든 수정해야 할 것이다. (A) 이것이 일어난다는 증거는 없다. 그럼에도 불구하고, Lamarck가 생물이 자신의 환경에 적응할 때 진화가 일어남을 제안한 것에 주목하는 것은 중요하다. 이 생각은 Darwin을 위한 장을 마련하는 데 도움이 되었다.

어휘

adaptation 적응	organism 유기체, 생물
characteristic 특질, 형질	note ~에 주목하다
pass on 물려주다	offspring 자식, 자손
inheritance 유전	acquired 획득한
hind 뒤의	ancestor 조상
modify 수정하다	

10 ②

해설 주어진 문장은 일이 재정적 보장 이상을 제공한다는 내용이다. ② 앞에서 재정적 보장을 의미하는 급여에 관한 내용이 나오고, ② 뒤에서 자신감을 준다는 내용이 나오는데, 바로 이 자신감이 주어진 문장의 재정적 보장 이상을 의미한다. 따라서 주어진 문장이 들어갈 위치로 가장 적절한 것은 ②이다.

해석 왜 일 중독자들은 그들의 일을 그렇게나 즐기는가? 주로 일하는 것이 몇 가지 중요한 이점들을 제공하기 때문이다. 그것은 사람들에게 생계를 유지하는 방법인 급여를 준다. 그리고 일하는 것은 재정적 보장 이상을 제공한다. 그것은 사람들에게 자신감을 준다. 그들이 힘든 작업물을 만들어 내고 "내가 만든 거야"라고 말할 수 있을 때, 그들은 만족감을 느낀다. 심리학자들은 일이 또한 사람들에게 정체성을 준다고 주장한다. 그들은 자의식과 개성을 느낄 수 있도록 일한다. 게다가, 대부분의 직업은 사람들에게 사회적으로 용인되는, 다른 사람들을 만나는 방법을 제공한다. 일하는 것은 긍정적인 중독이라고 말할 수 있다. 아마도 일 중독자들은 그들의 일에 대해 강박적일 수 있지만, 그들의 중독은 안전한, 심지어는 이로운 것으로 보인다.

어휘

paycheck 급여	challenging 힘든
individualism 개성	addiction 중독
compulsive 강박적인	

11 ③

해설 1970년에 제정된 대기 오염 방지법에 관한 글로, 주어진 문장은 특히(In particular) 많은 도시 자치군에서 대기 오염이 위험한 수준에 도달했다는 문제점을 이야기하고 있다. ③ 앞에서 대기 오염 규제의 부재로 인해 여러 자치군에서 오염이 매우 높은 수준에 이르게 되었다는 내용이 나오는데, 주어진 문장은 그중 도시 자치군의 심각한 대기 오염 상태를 언급하며 ③ 앞 내용을 In particular로 자연스럽게 부연하고 있다. 따라서 주어진 문장이 들어갈 위치로 가장 적절한 것은 ③이다.

해석 경제학자 Chay와 Greenstone은 1970년 대기 오염 방지법 이후 대기 오염 정화의 가치를 평가했다. 1970년 이전에는 대기 오염에 대한 연방 정부의 규제가 거의 없었고, 주 입법자들의 의제에서 대기 오염 문제는 중요하게 다뤄지지 않았다. 그 결과, 많은 자치군은 오염에 대한 아무런 규제도 없이 공장이 가동되도록 했고, 몇몇 산업화가 진행된 자치군에서는 오염이 매우 높은 수준에 이르렀다. 특히, 많은 도시 자치군에서는 총 부유 입자의 양으로 측정된 대기 오염이 위험한 수준에 도달했다. 대기 오염 방지법은 무엇이 특히 위험한 5가지 오염 물질의 과도하게 높은 수준의 정도에 해당하는지에 관한 지침을 마련했다. 1970년 그 법과 1977년 개정안 이후, 대기질이 개선되었다.

어휘

urban 도시의	pollution 오염
suspended particle 부유 입자	evaluate 평가하다
federal 연방의	regulation 규제
agenda 의제	legislator 입법자
county 자치군	industrialized 산업화된
constitute 해당하다, 여겨지다	excessively 과도하게
pollutant 오염 물질	amendment (법) 개정안

12 ③

해설 주어진 문장은 그들(They)이 불법 횡단을 하는 것으로 알려진 장소에 비디오카메라를 설치하고 그것의 실시간 비디오 피드를 웹사이트에 올렸다는 내용으로, 앞에는 They가 지칭하는 대상이 와야 하며, 뒤에는 주어진 문장을 부연하는 내용이 와야 자연스럽다. 이때 They는 불법 이민자들을 단속하는 주체이므로 ② 뒤의 Texas sheriffs를 가리키며, a novel use of the Internet은 주어진 문장의 내용을 뜻한다. 또한 ③ 뒤에서 시민들이 온라인에 접속해 보안관의 대리 역할을 할 수 있다는 설명으로 보아 텍사스 보안관이 올린 실시간 비디오 피드를 시민들이 같이 보고 감시를 도울 수 있다는 맥락임을 알 수 있으므로, 주어진 문장이 들어갈 위치로 알맞은 것은 ③이다.

해석 이민 개혁은 정치적 지뢰밭이다. 이민 정책이 거의 유일하게 광범위한 정치적 지지를 받는 측면은 불법 이민자의 유입을 제한하기 위해 멕시코와 맞닿은 미국 국경을 안전하게 지키겠다는 결의이다. 텍사스 보안관들은 최근에 그들이 국경을 감시하는 것에 도움이 되는 새로운 인터넷 활용법을 개발했다. 그들은 불법 횡단을 하는 것으로 알려진 장소에 비디오카메라를 설치했고, 카메라의 실시간 비디오 피드를 웹사이트에 올렸다. 국경을 감시하는 것을 돕고자 하는 시민들은 온라인에 접속해 '가상의 텍사스 보안관 대리' 역할을 할 수 있다. 그들은 국경을 넘으려 하는 사람을 발견하면 보안관 사무실로 보고서를 보내고, 사무실에서 때로는 미국 국경 순찰대의 도움을 받아 후속 조치를 취한다.

어휘

install 설치하다
illegal 불법적인
crossing 횡단
immigration 이민
reform 개혁
minefield 지뢰밭
command 받다
resolve 결의
secure 안전하게 지키다
flow 흐름, 이동
sheriff 보안관
develop 개발하다
novel 새로운
keep watch 감시하다
monitor 감시하다
virtual 가상의
deputy 보안관 대리
follow up 후속 조치를 취하다
patrol 순찰대

13 ②

해설 주어진 글은 화자가 빵을 몰래 가져가는 상황을 서술하고 있는데, 그 빵을 셔츠 안으로 밀어 넣었다고 말한 것을 보아 뒤에는 그 빵의 열기가 피부에 타들어 갔다는 내용의 (B)가 이어지는 것이 자연스럽다. 그다음으로, (B)에서 언급된 the loaves를 them으로 받아 그 덩어리들을 식탁 위에 떨어뜨렸을 때 여동생이 그것을 찢으려 손을 뻗었다는 내용의 (A)가 이어져야 한다. 마지막으로, 화자가 그 빵을 자른 후 함께 한 덩어리를 모두 먹었다는 내용의 (C)가 와야 한다. 따라서, 글의 순서로 가장 적절한 것은 ② '(B) - (A) - (C)'이다.

해석 다른 사람이 무슨 일이 있었는지 목격할 수 있기도 전에 나는 그 빵 덩이들을 셔츠 안으로 밀어 넣고 헌팅 재킷으로 날 단단히 감싸고 재빨리 걸어 나갔다. (B) 그 빵의 열기가 내 피부에 타들어 갔지만 난 생명에 매달리며 그 빵을 더 꽉 움켜쥐었다. 집에 도착했을 때 그 빵 덩이들은 어느 정도 식었지만 속은 여전히 따뜻했다. (A) 식탁에 그것들을 떨어뜨리자, 여동생의 덩어리를 떼려고 손을 뻗었지만, 나는 그녀를 앉히고 어머니가 우리와 식탁에서 함께하도록 한 후 따뜻한 차를 따랐다. (C) 나는 그 빵을 잘랐다. 우리는 한 조각씩 빵 한 덩이를 모두 먹었다. 그것은 건포도와 견과류가 가득 들어 있는 맛있고 따뜻한 빵이었다.

어휘

witness 목격하다
shove 밀어 넣다
wrap 감싸다
swiftly 재빨리
tear off 떼어내다
chunk 덩어리
clutch 꽉 움켜쥐다
cling 매달리다, 집착하다
hearty 따뜻한
raisin 건포도

14 ③

해설 시각 장애인을 위한 Aira 서비스에 관한 글이다. 시각 장애인들에겐 일상적인 일들이 어렵다는 내용의 주어진 글 다음엔, 역접의 연결사 But으로 시작하여 어려움이 있지만 누군가의 눈을 빌릴 수 있다는 대안을 언급하는 (B)가 오는 것이 자연스럽다. 그다음에는 그 대안을 That으로 받아 Aira의 기반이 되는 생각이라고 하며 그 서비스의 내용을 설명하는 (A)가 오고, 마지막으로 (A)에서 an on-demand agent로 언급된 Aira 에이전트의 업무 내용을 then을 사용해 추가로 설명하는 (C)가 와야 한다. 따라서 글의 순서로 가장 적절한 것은 ③ '(B) - (A) - (C)'이다.

해석 시각 장애인들에게 우편물을 분류하거나 한 무더기의 빨래를 하는 것과 같은 일상적인 일은 어려운 일이다. (B) 하지만 만약 그들이 볼 수 있는 누군가의 눈을 "빌릴" 수 있다면 어떨까? (A) 그것은 수천 명의 사용자들이 스마트폰이나 Aira의 전매특허 안경을 사용하여 그들 주변 환경의 실시간 영상을 맞춤형 에이전트(직원)에게 스트리밍할 수 있게 해주는 새로운 서비스인 Aira의 배경이 되는 생각이다. (C) 연중무휴로 이용할 수 있는 Aira 에이전트들은 그리고 질문에 답하거나, 사물을 설명하거나, 사용자에게 위치를 안내할 수 있다.

어휘

sort through ~을 분류하다
laundry 세탁물
on-demand 맞춤형의
agent 대리인, 직원
proprietary 전매특허의

15 ③

해설 Ozette 마을에 관한 글로, 주어진 문장은 진흙 사태(a mudslide)가 그 마을 일부를 파괴하면서 전통 가옥들과 그 안의 물건들을 덮어 버린 사건을 이야기하고 있다. ③ 뒤 문장에서 otherwise와 더불어 그러지 않았으면 수천 개의 유물이 살아남지 못했을 것이라는 내용이 나오고 있는데, 여기서 otherwise가 가정하는 것이 진흙 사태가 전통 가옥 및 내용물을 덮은 일의 반대 상황이어야 말이 된다. 또한 주어진 문장이 ③에 들어가야, artifacts가 주어진 문장의 their contents를 가리키면서, 그 유물들이 진흙 아래에(under the mud) 보존되어 있었다는 내용으로 자연스럽게 이어지기도 한다. 따라서 주어진 문장이 들어갈 위치로 적절한 것은 ③이다.

해석 워싱턴주 올림픽 반도의 가장 서쪽 지점에 있는 Ozette 마을에서 Makah 족의 구성원들이 고래를 사냥했다. 그들은 포획물을 선반 위와 훈제실에서 훈제하여 Puget Sound만 주변 및 Vancouver 섬 인근의 이웃 부족들과 거래했다. Ozette는 그 지역에 수천 년간 터를 잡고 살아온 원주민인 Makah 족이 거주하던 다섯 개의 주요 마을 중 하나였다. 부족의 구전 역사와 고고학적 증거에 따르면, 1500년에서 1700년 사이 어느 때에 진흙 사태가 마을 일부를 파괴하면서, 여러 채의 전통 가옥들을 덮어 그 안에 든 것들이 못 빠져나가게 했다고 한다. 그러지(못 빠져나가게 하지) 않았으면 살아남지 못했을, 바구니, 의복, 요, 포경 도구를 포함한 수천 개의 유물이 진흙 아래에 보존되어 있었다. 1970년, 한 폭풍으로 인해 해안 침식이 일어났고, 그것이 이 전통 가옥들과 유물들의 잔해를 드러냈다.

어휘

tribal 부족의
oral 구전의
archaeological 고고학적인
mudslide 진흙 사태
longhouse 전통 가옥
westernmost 가장 서쪽의
peninsula 반도
rack 선반

smokehouse 훈제실
Indigenous people 원주민
artifact 유물
whaling 포경
coastal 해안의
reveal 드러내다
inhabit 거주하다
millennium 천년(*pl.* millennia)
sleeping mat 요
preserve 보존하다
erosion 침식

16 ④

해설 중력의 세 가지 유형에 관한 글로, Thus로 시작하는 주어진 문장은 심장이 피와 산소를 뇌로 순환시키기 더 쉽다는 내용이다. 지속적인 중력은 피가 다리로 몰려 신체에 치명적이지만, 신체를 수평으로 하면 피가 등에 고여서 괜찮다는 내용 뒤에 혈액 순환이 더 쉽다는 내용이 오는 것이 자연스러우므로, 주어진 문장이 들어갈 위치로 가장 적절한 곳은 ④이다.

해석 사람들은 다양한 방식으로 중력(g-force)에 노출될 수 있다. 그것은 등이 두드려질 때처럼 신체의 한 부위에만 영향을 미치면서 국부적일 수 있다. 그것은 또한 자동차 충돌 사고 시 겪는 강한 힘처럼 순간적일 수 있다. 중력의 세 번째 유형은 계속되거나 최소 몇 초 동안 지속된다. 지속적이고 전신에 걸친 중력이 사람들에게 가장 위험하다. 신체는 보통 국부적이거나 순간적인 중력을 지속적인 중력보다 더 잘 견뎌내는데, 지속적인 중력은 피가 다리로 몰려 신체 나머지에서 산소를 빼앗기 때문에 치명적일 수 있다. 앉거나 서 있는 대신 신체를 수평으로 하거나 누워있는 동안 가해지는 지속적인 중력은 피가 다리가 아닌 등에 모이기 때문에 사람들에게 더 괜찮은 경향이 있다. 그리하여 피, 그리고 생명을 주는 산소는 심장이 뇌로 순환시키기에 더 쉽다. 우주 비행사와 전투기 조종사와 같은 몇몇 사람들은 중력에 대한 신체 저항을 증가시키기 위해 특수 훈련 연습을 받는다.

어휘
circulate 순환시키다
localized 국부[국지]적인
slap 철썩 때리다
crash 충돌 사고
deprive 빼앗다
tolerable 견딜 만한, 괜찮은 편인
astronaut 우주 비행사
gravitational 중력의
portion 부분
momentary 순간적인
withstand 견디다
horizontal 수평의
pool 고이다
undergo 겪다, 받다

UNIT 06
빈칸 추론

본서 p. 78

01	②	02	②	03	①	04	④	05	①
06	①	07	①	08	①	09	③	10	④
11	②	12	②	13	①				

01 ②

해설 소비자들의 온라인 활동이 활발해짐에 따라 기업 광고 표준화의 필요성이 대두되고 있다는 내용의 글이다. 이에 대해 글로벌 소비자 브랜드는 전 세계적으로 비슷한, 즉 통일된 웹사이트를 만든다고 하며, 여러 나라의 웹과 소셜 미디어 사이트에 똑같이 등장하는 코카콜라의 상징들에 관한 예시를 제시하고 있다. 따라서 빈칸에 들어갈 말로 알맞은 것은 ② '획일적인'이다.
① 실험적인
③ 국지적인
④ 다양한

해석 최근 몇 년 동안 온라인 마케팅과 소셜 미디어 공유의 인기가 높아지면서 글로벌 브랜드의 광고 표준화에 대한 필요성이 커졌다. 대부분의 대형 마케팅 및 광고 캠페인은 온라인에서의 큰 영향력을 수반한다. (온라인상에서) 연결된 소비자들이 이제 인터넷과 소셜 미디어를 통해 국경을 쉽게 넘나들 수 있어, 광고주들이 통제되고 질서정연한 방식으로 맞춤화된 캠페인을 전개하는 것이 어려워진다. 그 결과, 대부분의 글로벌 소비자 브랜드는 전 세계적으로 그들의 디지털 사이트를 (대등하게) 조정한다. 예를 들어, 호주와 아르헨티나에서부터 프랑스, 루마니아, 러시아에 이르기까지 전 세계의 코카콜라 웹과 소셜 미디어 사이트들은 놀라울 만큼 획일적이다. 전부 친숙한 코카콜라 붉은색의 물방울, 상징적인 코카콜라의 병 모양, 코카콜라의 음악, 'Taste the Feeling' 테마를 특징으로 한다.

어휘
popularity 인기
standardization 표준화
zip 쌩[휙]하고 가다
advertiser 광고주
adapted 적합한, 알맞은
coordinate (대등하게) 조정하다
splash (물)방울, 튀김
boost 늘리다
presence 영향력
border 경계, 국경
roll out 전개하다
fashion 방식
feature 특징으로 삼다
iconic 상징적인

02 ②

해설 선전 기법의 목표는 선전자가 일반적인 사람과 같은 견해를 가지고 있으며 자신도 대중 중 한 명일 뿐이라는 인상을 주는 것이라고 했으므로, 빈칸에 들어갈 말로 가장 적절한 것은 ② '우리 같은 평범한 사람들'이다.
① 화려한 추상어를 넘어선
③ 남들과는 다른 무언가
④ 대중보다 더 잘 교육받은

해석 가장 자주 사용되는 선전 기법 중 하나는 선전자의 견해가 일반인의 견해를 반영하고 있으며 그 또는 그녀가 최선의 이익을 위해 일하고 있다는 것을 대중에게 확신시키는 것이다. 블루칼라 청중에게 말하는 정치인은 소매를 걷어붙이고 넥타이를 풀고 대중의 특정 관용구를 사용하려고 시도할 수 있다. 그는 심지어 자신이 "그 사람들 중 한 명일 뿐"이라는 인상을 주기 위해 일부러 언어를 잘못 사용할 수도 있다. 이 기법은 또한 보통 정치가의 견해가 연설을 듣는 대중의 견해와 같다는 인상을 주기 위해 화려한 추상어를 사용한다. 노조 간부들, 사

PART 2 글의 논리 전개 추론하기

업가들, 장관들, 교육자들, 그리고 광고주들은 우리 같은 평범한 사람들인 것처럼 보임으로써 우리의 신뢰를 얻기 위해 이 기법을 사용해 왔다.

어휘

propaganda 선전
sleeve 소매
idiom 관용구, 표현 양식
folks 사람들
minister 장관
plain 평범한
blue-collar 블루칼라[육체노동자]의
undo 풀다, 벗기다
on purpose 일부러
glittering generality 화려한 추상어
confidence 신뢰

03 ①

해설 심리학의 하위 분야 간 통합의 필요성을 주장하며, 그 과정에서 과학 심리학이 통합의 본보기가 될 것이라고 설명하는 글이다. 빈칸은 이처럼 과학 심리학이 모학문, 즉 심리학에 있어 그 연구 방향성에 대해 무엇을 시사하는지에 관한 내용으로, 글의 전체적인 주제를 보았을 때 과학 심리학은 과학을 통합적으로 바라보는 방법을 제시할 것임을 추론할 수 있다. 따라서 빈칸에 들어갈 말로 알맞은 것은 ① '통합된 관점에서'이다.
② 역동적인 측면에서
③ 역사를 통틀어
④ 정확한 증거를 가지고

해석 지난 50년 동안 심리학의 모든 주요 하위 분야는 교육이 점점 특화되고 그 초점이 좁아짐에 따라 서로 점점 더 고립되어 왔다. 일부 심리학자들이 오랫동안 주장해 온 것처럼, 심리학 분야가 과학적으로 성숙해지고 발전하기 위해선 그것의 이질적인 부분들(예를 들어, 신경과학, 발달, 인지, 성격, 사회)이 다시 하나가 되고 통합되어야 한다. 과학은 단일화하는 이론적 틀 아래에서 별개의 주제들이 이론적 및 경험적으로 통합될 때 발전한다. 과학 심리학은 여러 하위 분야의 심리학자 간의 협업을 장려하여 이 분야가 계속적인 분열보다는 일관성을 갖추도록 도울 것이다. 이러한 방식으로 과학 심리학은 이 분야(심리학)의 모든 주요 부분/분파를 하나의 학문으로 통합하여 심리학 전반의 본보기 역할을 할 수 있다. 과학 심리학이 자원을 결합하는 방법 및 과학을 통합된 관점에서 연구하는 방법에 대한 모학문(심리학)의 본보기가 될 수 있다면, 이는 결코 작은 업적이 아니며 그 중요성 또한 작지 않을 것이다.

어휘

subdiscipline (학문의) 하위 분야
isolate 고립시키다
narrow 좁은
mature 발달하다, 성숙해지다
disparate 이질적인
cognitive 인지의
distinct 별개의
empirically 경험적으로
framework 틀
collaboration 협업
coherence 일관성
template 본보기
faction 분파, 파벌
import 중요성
unified 통합된
dynamic 역동적인
accurate 정확한
psychology 심리학
specialized 전문화된
field 분야
advance 발전하다
neuroscience 신경과학
integrate 통합시키다
theoretically 이론적으로
simplify 단일화하다
psychology of science 과학 심리학
sub-area 하위 분야
fragmentation 분열
fraction 부분, 일부
feat 업적
combine 결합하다
perspective 관점
aspect 측면

04 ④

해설 빙하 아래에 흐르는 따뜻한 바닷물이 빙하를 훨씬 더 빨리 녹게 한다는 연구 결과에 관한 글이므로, 빈칸에 들어갈 말로 가장 적절한 것은 ④ '가속하는'이다.
① 분리하는
② 지연시키는
③ 방지하는

해석 과학자들은 더 높은 기온으로 인해 그린란드 빙상의 표면이 녹고 있다는 것을 오랫동안 알고 있었다. 하지만 한 새로운 연구가 아래로부터 얼음을 공격하기 시작한 또 다른 위협을 발견했는데, 광대한 빙하 아래에서 움직이는 따뜻한 바닷물이 빙하를 훨씬 더 빨리 녹게 하고 있다는 것이다. 그 연구 결과는 그린란드 북동부에 있는 빙하 79N(Nioghalvfjerdsfjorden Glacier)의 많은 "빙설" 중 하나를 연구한 연구자들에 의해 『Nature Geoscience』 지에 실렸다. 빙설은 육지의 얼음에서 떨어지지 않고 물에 떠 있는 길쭉한 얼음 조각이다. 이 과학자들이 연구한 그 거대한 빙설은 길이가 50마일 가까이 된다. 그 조사는 대서양에서 온 따뜻한 물이 빙하를 향해 곧장 흐를 수 있는, 폭이 1마일 이상인 해류가 많은 양의 열을 얼음과 접촉시켜 빙하가 녹는 것을 가속하는 것을 밝혔다.

어휘

ice sheet 빙상
glacier 빙하
break off 떨어지다, 분리되다
underwater current 해류
vast 광대한
strip 길쭉한 조각
massive 거대한

05 ①

해설 이 글은 영국 사회에 만연한 의류 과소비와 낭비에 대한 우려를 표하고 있다. 영국인들은 일 년에 많은 돈을 새 옷에 소비하고 그만큼 많은 의류가 쓰레기 매립지로 들어간다고 했으므로, 그들에게 꼭 필요하지 않은 물건도 생각 없이 구매한다는 것을 알 수 있다. 따라서 빈칸에 들어갈 말로 가장 적절한 것은 ① '그들에게 필요하지 않은'이다.
② 생활필수품인
③ 곧 재활용될
④ 그들이 다른 사람들에게 물려줄 수 있는

해석 소셜 미디어, 잡지, 상품진열창은 매일 사람들에게 구매할 물건들을 쏟아붓고, 영국 소비자들은 그 어느 때보다도 더 많은 옷과 신발을 사고 있다. 온라인 쇼핑은 고객들이 생각 없이 구매하기 쉽다는 것을 의미하는 한편, 주요 브랜드들은 두세 번 입고 나면 버리는 일회용품처럼 취급될 수 있을 만큼 매우 값싼 옷을 제공한다. 영국에서, 보통 사람은 일 년에 1,000파운드 이상을 새 옷에 소비하는데, 이는 그들 수입의 약 4%에 해당한다. 별로 크게 들리진 않겠지만, 그 수치는 사회와 환경에 대한 훨씬 더 걱정스러운 두 가지 추세를 감추고 있다. 첫째는, 그 소비자 지출의 많은 부분이 신용카드를 통해 이루어진다는 것이다. 영국인들은 현재 신용카드 회사에 성인 1인당 약 670파운드의 빚을 지고 있다. 이는 평균 의류 예산의 66%에 해당한다. 또한, 사람들은 가지고 있지 않은 돈을 쓸 뿐만 아니라, 그들에게 필요하지 않은 물건들을 사는 데 돈을 쓰고 있다. 영국은 1년에 30만 톤의 의류를 버리고, 그 대부분은 쓰레기 매립지로 들어간다.

어휘

bombard 쏟아붓다
figure 수치
wardrobe 의상, 옷
hand down ~을 물려주다
disposable 일회용의
via ~을 통하여
landfill 쓰레기 매립지

06 ①

해설 언어에 상관없이 누구에게나 쉽게 받아들여지는 어린아이와 달리, 성인의 사회적 상호 작용에는 언어가 필수적인 역할을 한다는 내용의 글이다. 어린아이는 서로의 틈에서 끼어 앉아 말없이 혼자 노는 것에 만족할 수 있지만, 성인은 언어를 할 수 있는 사람과만 교류하려 하고 그 반대의 경우는 꺼리는 경향이 있으므로 성인의 사회적 상호 작용에서 언어는 중요한 역할을 한다는 것을 알 수 있다. 따라서 빈칸에 들어갈 말로 적절한 것은 ① '사회적 상호 작용에서 언어가 중요한 역할을 하지 않는'이다.

② 그들의 의견이 동료들에게 쉽게 받아들여지는
③ 다른 언어를 사용하도록 요청받는
④ 의사소통 능력이 매우 요구되는

해석 성인에게는 사회적 상호 작용이 주로 언어라는 수단을 통해 이루어진다는 점에 주목하는 것이 중요하다. 특정 언어를 모국어로 사용하는 성인 중 그 언어를 사용하지 않는 사람과 교류하는 데 기꺼이 시간을 할애하려는 사람은 거의 없으며, 그 결과 성인 외국인은 유의미하면서 폭넓은 언어 교환을 할 기회가 거의 없을 것이다. 반대로, 어린아이는 다른 아이들에게, 심지어 어른들에게도 쉽게 받아들여진다. 어린아이에게 언어는 사회적 상호 작용만큼 필수적이지는 않다. 예를 들어, 소위 '평행 놀이'는 어린아이들 사이에서 흔하다. 아이들은 서로의 틈에 앉아서 가끔씩만 말을 하고 혼자 노는 것만으로도 만족할 수 있다. 성인들은 사회적 상호 작용에서 언어가 중요한 역할을 하지 않는 상황에 처하는 경우가 거의 없다.

어휘
interaction 상호 작용
native-speaker 모국어 사용자
foreigner 외국인
engage 관여하다
readily 쉽게
content 만족하는
occasionally 가끔
require 요구하다
medium 수단, 매체
devote 할애하다
opportunity 기회
extended 폭넓은
parallel 평행의
company 함께 있음
colleague 동료

07 ①

해설 출생률 감소에 따라 초래되는 인구 감소 및 인구 고령화로 인한 여러 문제점을 지적하며 이에 적절히 대처할 필요성을 역설하는 글이다. 빈칸에는 이러한 인구통계학적 변화에 따른 문제점에 관한 부정적인 맥락의 내용이 와야 하므로, 빈칸에 들어갈 말로 가장 적절한 것은 ① '미래의 과제에 대한 우려를 불러일으킨다'이다.

② 연령 구조 역전 현상을 완화한다
③ 혼인율 감소 문제를 상쇄한다
④ 문제 해결을 위한 즉각적인 해결책을 제공한다

해석 출생률 감소로 인해 세기말까지 거의 모든 국가의 인구가 감소될 것으로 예상된다. 1950년에 전 세계 출생률은 4.7명이었지만 2017년에는 2.4명으로 절반 가까이 떨어졌다. 2100년에는 1.7명 밑으로 떨어질 것으로 예상된다. 이에 따라 일부 연구자들은 전 세계 인구가 2064년경 97억 명으로 정점을 찍고 세기말에는 88억 명으로 줄어들 것으로 예측한다. 이러한 변화는 또한 태어나는 인구만큼이나 많은 사람들이 80세에 도달하게 되는 현저한 인구 고령화로 이어질 것이다. 이러한 인구통계학적 변화는 조세, 노인 의료, 부양 책임, 은퇴 등 미래의 과제에 대한 우려를 불러일으킨다. 새로운 인구학적 환경에의 '연착륙'을 보장하기 위해서 연구자들은 이 전환에 대한 신중한 관리의 필요성을 강조한다.

어휘
fertility rate 출생률
shrink 줄어들다
transition 전환
demographic 인구통계학적
elderly 노인
retirement 은퇴
landscape 환경
mitigate 완화하다
phenomenon 현상
immediate 즉각적인
project 예상하다
peak 최고조에 이르다
significant 현저한
taxation 조세
caregiving 부양
soft landing 연착륙
emphasize 강조하다
inverted 역전된
compensate 상쇄하다
resolve 해결하다

08 ①

해설 (A) 앞에서 유기체가 죽으면 새로운 탄소-14는 더해지지 않고, 오래된 탄소-14가 천천히 질소로 붕괴한다고 했으므로, (A)에 들어갈 말로 가장 적절한 것은 decreases(감소하다)이다. 또한 (B) 앞에서 유기체가 죽고 시간이 지남에 따라 탄소-14가 내는 방사선량이 점점 더 적어진다고 했으므로, (B)에 들어갈 말로 가장 적절한 것은 dead(죽은)이다.

해석 유기체는 살아 있을 때 주변 공기에서 이산화탄소를 흡수한다. 그 이산화탄소의 대부분은 탄소-12로 구성되지만, 아주 적은 부분은 탄소-14로 이루어져 있다. 그래서 살아 있는 유기체는 항상 아주 적은 양의 방사성 탄소인 탄소-14를 함유하고 있다. 살아 있는 유기체 옆에 있는 검출기는 유기체에서 탄소-14가 방출하는 방사선을 기록할 것이다. 그 유기체가 죽으면 더는 이산화탄소를 흡수하지 않는다. 새로운 탄소-14가 더해지지 않고, 오래된 탄소-14는 천천히 질소로 붕괴한다. 탄소-14의 양은 시간이 지나면서 서서히 감소한다. 시간이 지남에 따라, 탄소-14로부터의 방사선이 점점 더 적게 생성된다. 따라서 유기체에서 검출된 탄소-14 방사선의 양은 유기체가 죽은 지 얼마나 됐는지의 척도다. 유기체의 나이를 알아내는 이러한 방법을 탄소-14 연대 측정법이라고 한다. 탄소-14의 붕괴는 고고학자들이 한때 살아 있던 물질의 나이를 알아낼 수 있게 해준다. 남아 있는 방사선의 양을 측정하는 것은 대략적인 나이를 보여준다.

어휘
carbon dioxide 이산화탄소
radioactive 방사성의
give off 발하다
decay (방사성 물질이) 자연 붕괴하다; 자연 붕괴
nitrogen 질소
determine 알아내다
indicate 보여주다
tiny 아주 적은
detector 검출기
measure 척도
archaeologist 고고학자
approximate 대략의

09 ③

해설 사람들은 각종 다양한 수단으로 정보를 받는데, 이 수단들을 일종의 미결 서류함이라고 하면서 이를 관리하는 방법에 관해 조언하는 글이다. 빈칸 뒤에서 미결 서류함이 많을수록 관리하기 어려워지니 그 수를 최소한으로 줄이라고 하므로, 빈칸에 들어갈 말로 가장 적절한 것은 ③ '당신이 가진 미결 서류함의 수를 최소화하는 것'이다.

① 한 번에 여러 목표를 정하는 것
② 들어오는 정보에 몰두하는 것
④ 당신이 열정을 지닌 정보를 선택하는 것

해석 당신은 얼마나 다양한 방법으로 정보를 받는가? 어떤 사람들은 문자 메시지, 음성 메일, 종이 문서, 일반 우편, 블로그 게시물, 다양한 온라인 서비스의

메시지라는 6가지 서로 다른 종류의 응답해야 하는 통신 수단을 가지고 있을지도 모른다. 이것들 각각은 일종의 미결 서류함이며, 지속적으로 처리되어야 한다. 그것은 끝없는 과정이지만, 지치거나 스트레스받을 필요는 없다. 당신의 정보 관리를 더 관리하기 쉬운 수준으로 낮추고 생산적인 영역으로 접어들게 하는 것은 당신이 가진 미결 서류함의 수를 최소화하는 것으로 시작한다. 당신이 메시지를 확인하거나 들어오는 정보를 읽으러 가야 하는 곳은 모두 미결 서류함이며, 가진 것(미결 서류함)이 많을수록 모든 것을 관리하기가 더 어려워진다. 당신이 가진 미결 서류함의 수를 당신이 필요한 방식으로 계속 활동할 수 있는 최소한으로 줄여라.

어휘

communication 통신 (수단)
in-box 미결 서류함
process 처리하다
continuous 지속적인
endless 끝없는
exhausting 진을 빼는, 지치게 하는
management 관리
productive 생산적인
incoming 들어오는
function 기능하다, 활동하다
immerse 몰두시키다
minimize 최소화하다
passionate 열정적인

10 ④

해설 이 글은 같이 업무를 하는 사람들에게 신뢰와 책임감을 주어야 한다고 말하고 있다. 어떠한 간섭 없이 일을 완전히 수행할 수 있는 권한을 부여받은 정도와 직무 만족도가 깊이 연관되어 있으며, 신뢰하는 사람에게 책임을 맡기는 것이 조직을 더 원활하게 만들고 본인에게 더 많은 시간을 주어 더 큰 문제에 집중할 수 있게 만든다고 했다. 따라서 빈칸에 들어갈 말로 가장 적절한 것은 ④ '자율성'이다.

① 일
② 보상
③ 제한

해석 점점 더 많은 리더들이 원격으로 일하거나, 컨설턴트와 프리랜서뿐만 아니라 전국이나 전 세계에 흩어져 있는 팀들과 함께 일하면서, 당신은 그들에게 더 많은 자율성을 주어야 할 것이다. 당신이 더 많은 신뢰를 줄수록, 다른 사람들은 당신을 더 신뢰한다. 나는 직무 만족도와 사람들이 모든 단계마다 따라다니는 누군가 없이 일을 완전히 수행할 수 있도록 얼마나 권한을 부여받는지 사이에 직접적인 상관관계가 있다고 확신한다. 당신이 신뢰하는 사람들에게 책임을 맡기는 것은 조직을 더 원활하게 운영할 수 있을 뿐만 아니라 당신에게 더 많은 시간을 만들어 내어 당신이 더 큰 문제에 집중할 수 있도록 한다.

어휘

remotely 원격으로
scattered 흩어져 있는
bestow 주다
empower 권한을 주다
execute 수행하다
shadow 그림자처럼 따라다니다
free up (특정 목적을 위해 시간·돈을) 만들어 내다

11 ②

해설 이 글은 모든 생물은 멸종됐거나 멸종될 테지만 동시에 새로운 종들이 등장하며, 몇몇 단순한 유기체들로부터 수많은 복잡한 다세포 형태들이 진화, 즉 종 분화해 왔다고 설명한다. 이러한 종 분화의 결과인 종의 다양성은 현재 150만 종이 인정되고 있지만 실제로는 1,000만 종에 가까울 것이라는 서술에서도 드러나므로, 빈칸에 들어갈 말로 가장 적절한 것은 ② '생물들의 다양성'이다.

① 생물학자들의 기술
③ 멸종된 유기체들의 목록
④ 멸종 위기종의 모음

해석 과거와 현재를 막론하고 모든 생물은 멸종되어 왔거나 멸종될 것이다. 하지만 각각의 종들이 지구상 생명체의 지난 38억 년 역사에 걸쳐 사라지면서, 필연적으로 새로운 종들이 그것들을 대체하거나 새로 떠오르는 자원을 이용하기 위해 나타났다. 겨우 몇 안 되는 아주 단순한 유기체들로부터, 수많은 복잡하고 다세포적인 형태들이 이 막대한 기간에 걸쳐 진화했다. 19세기 영국의 박물학자 Charles Darwin이 한때 "신비 중의 신비"라고 일컬었던 새로운 종의 기원은, 인간이 지구를 공유하는 이 놀라운 생물들의 다양성을 만들어 내는 데 책임이 있는 종 분화의 자연스러운 과정이다. 비록 분류학자들은 현재 약 150만 생물 종을 인정하고 있지만, 실제 수는 아마도 1,000만에 가까울 것이다. 이 많은 수의 생물학적 상태를 인정하려면 종을 구성하는 것이 무엇인지에 대한 명확한 이해가 필요한데, 진화 생물학자들이 아직 보편적으로 용인할 수 있는 정의에 대해 합의하지 못했다는 점을 고려하면 쉬운 일이 아니다.

어휘

extinct 멸종한
vanish 사라지다
inevitably 필연적으로
exploit 이용하다
multicellular 다세포의
immense 막대한
speciation 종 분화
remarkable 놀라운
taxonomist 분류학자

12 ②

해설 사회의 여러 분야에서 일상적으로 이루어지고 있는 설득의 다양한 모습을 나타내는 내용의 글이다. 정치인은 대중을, 기업 및 특수 이익 단체는 정부를, 지역사회 활동가들은 시민을, 직장인들은 동료를 설득하기 위해 많은 시간과 노력을 들이는 것을 알 수 있다. 따라서 빈칸에 들어갈 말로 적절한 것은 ② '설득은 거의 각계각층에서 나타난다'이다.

① 기업인은 좋은 설득 기술을 가져야 한다
③ 당신은 수많은 광고판과 포스터를 접하게 된다
④ 대중 매체 캠페인은 정부에게 유용하다

해석 설득은 거의 각계각층에서 나타난다. 거의 모든 주요 정치인들은 대중의 관심을 끄는 방법에 대한 조언을 제공하는 미디어 컨설턴트와 정치 전문가를 고용한다. 사실상 모든 주요 기업 및 특수 이익 단체는 자신들의 관심사를 의회나 주 정부 또는 지방 정부에 전달하기 위해 로비스트들을 고용해 왔다. 거의 모든 지역사회에서, 활동가들은 중요한 정책 문제에 대해 동료 시민들을 설득하기 위해 노력한다. 직장 역시 언제나 사무실 내 정치와 설득 활동을 위한 비옥한 터전이 되어 왔다. 한 연구에 따르면 일반 관리자들은 업무 시간의 80% 이상을 언어적 의사소통에 소비하며, 이 중 대부분은 동료 직원을 설득하기 위한 목적으로 사용한다고 추정한다. 복사기의 등장과 함께, 전 직원의 설득을 위한 완전히 새로운 매체, 즉 복사 메모가 발명되었다. 펜타곤에서만 하루 평균 350,000 페이지를 복사하는데, 이는 소설 1,000권에 해당하는 분량이다.

어휘

politician 정치인
appeal 관심을 끌다
virtually 사실상
lobbyist 로비스트
Congress 의회
persuade 설득하다
fertile 비옥한
upwards of ~의 이상
advent 등장
medium 매체(*pl.* media)
walk of life 신분, 사회적 계급
mass 대중적인

13 ①

해설 글에 따르면, 수력 발전소의 높은 수익 창출 가능성에도 불구하고 새로운 발전소를 짓는 데에는 오랜 시간이 필요하기 때문에 민간 투자자들은 이에 투자하지 않는다. 따라서 민간 투자자들은 장기적인 투자를 꺼리는 것을 알 수 있으므로, 반대로 더 단기적인 투자를 선호한다고 볼 수 있다. 또한, 마지막 문장에서 이와 '달리' 공공 주주/소유주는 장기적인 투자를 중요시한다고 언급했으므로, 빈칸에는 단기적인 투자와 관련된 내용이 와야 함을 알 수 있다. 따라서 빈칸에 들어갈 말로 적절한 것은 ① '더 단기적인 기술'이다.
② 모든 첨단 기술 산업
③ 공공 이익의 증진
④ 전력 공급의 향상

해석 자유화된 시장에서의 비용 압력은 기존 및 미래의 수력 발전 계획에 서로 다른 영향을 미친다. 비용 구조상 기존 수력발전소는 항상 수익을 낼 수 있다. 미래 수력 발전 계획에 대한 계획안과 건설은 단기적인 과정이 아니기 때문에, 낮은 발전(發電) 비용에도 불구하고 대중적인 투자는 아니다. 대부분의 민간 투자자들은 더 단기적인 기술에 자금을 조달하는 것을 선호하는데, 이는 기존 수력발전소가 캐시카우(고수익 사업)처럼 보이는데도 불구하고 아무도 새로운 곳에 투자하지 않으려는 역설적인 상황으로 이어진다. 공공 주주/소유주(주, 시, 지자체)가 참여하는 경우, 그들은 공급 안정성의 중요성을 인식하고 장기적인 투자도 중요하게 생각하기 때문에 상황은 매우 다르게 보인다.

어휘
liberalize ~을 자유주의화하다 hydropower 수력 발전력
scheme 계획, 설계 generation (전기 등의) 발생, 세대
finance 자금을 조달하다 cash cow 캐시카우(고수익 사업)
shareholder 주주 municipality 지방 자치제
appreciate 올바르게 인식하다, 중요하게 생각하다

UNIT 07 이메일

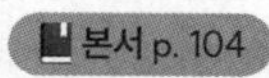
본서 p. 104

01	③	02	③	03	④	04	①	05	④
06	①	07	③	08	④	09	②	10	④
11	①	12	④						

01 ③

해설 2번째 단락 마지막 문장에서 Ms. Thompson이 Mr. Murphy의 질문에 답변한 것을 알 수 있으므로 반대로 되었다. 따라서 글의 내용과 일치하지 않는 것은 ③ 'Murphy 씨는 Thompson 씨의 질문에 대답했다.'이다.
① Murphy 씨는 8월에 메드포드 도서관을 방문했다.
② Thompson 씨는 Murphy 씨가 흥미를 느꼈던 강의를 했다.
④ Murphy 씨는 앞으로 더 많은 연사를 볼 수 있기를 희망한다.

02 ③

해설 맥락상 privilege는 '영광'이라는 뜻으로 쓰였으므로, 이와 의미가 가장 가까운 것은 ③ 'pleasure(영광)'이다.
① 의무 ② 권리 ④ 풍부함

01-02

해석 수신: comments@medfordlibrary.org
발신: frankmurphy@rth.com
제목: 여름 강연 시리즈
날짜: 8월 22일

담당자분께,

제 이름은 Frank Murphy이며, 저는 메드포드 도서관의 오랜 후원자입니다. 저는 또한 도서관에서 열리는 모든 특별 행사에 참석하려고 노력합니다.

저는 8월 21일에 있었던 Clarice Thompson의 강연에도 참석했습니다. Thompson 씨의 강연은 매우 교육적이었으며 올해 제가 지금까지 참석했던 강연 중 단연 최고였습니다. 또한 Thompson 씨가 청중의 질문에 최대한 많은 답변을 하려고 노력하는 모습에 감사를 표하고 싶습니다. 저는 그녀가 얘기하면서 언급한 요점에 대해 질문할 수 있는 영광이 있었고, 그녀는 종합적인 답변을 해주었습니다.

앞으로 도서관에서 Thompson 씨와 같은 연사를 더 많이 모집했으면 좋겠습니다. 이는 프로그램의 질을 크게 향상시킬 것이며 분명 더 높은 참여율로 이어질 것입니다.

진심으로,

Frank Murphy 드림

어휘
lecture 강의 supporter 후원자, 지지자
attempt 시도하다 attend 참석[출석]하다

present 참석[출석]한
appreciate 감사하게 여기다
inquire 문의하다
comprehensive 포괄적인, 종합적인
recruit 모집하다
surely 확실히, 반드시
attendance 참석, 출석
respond 대답하다, 응답하다
educational 교육적인
audience 청중
chat 이야기, 담소
response 응답, 대답
quality 질, 품질
lead to ~으로 이어지다
give a lecture 강연[강의]를 하다

03 ④

해설 첫 문단에서 필자는 Julie Hawkins의 뛰어난 업무 수행과 관련하여 이 글을 쓴다고 밝히며, 최근에 그녀에게서 도움을 받았다고 언급하고 있다. 이후에도 그녀에게서 어떠한 도움을 받았는지 설명하며 그녀를 칭찬하고 있으므로, 글의 목적으로 가장 적절한 것은 ④ '한 개인의 행동을 칭찬하려고'이다.

04 ①

해설 맥락상 directed는 '안내하다'라는 뜻으로 쓰였으므로, 이와 의미가 가장 가까운 것은 ① 'guided(안내하다)'이다.
② 조회하게 하다 ③ 겨냥하다 ④ 명령하다

03-04

해석 수신: information@rosewood.gov
발신: haroldbaker@silvermail.com
제목: Julie Hawkins 관련
날짜: 8월 29일

담당자분께,

저는 로즈우드 시청 경제개발부 Julie Hawkins의 뛰어난 (업무) 수행과 관련하여 이 글을 씁니다. 그녀는 최근 제가 필요한 자금을 받는 데 필요한 도움을 주었습니다.

저는 시에서 사업주에게 보조금을 지급한다는 사실을 알게 되었습니다. 하지만 제 사업이 지원을 받을 자격이 되는지 확신할 수 없었습니다. Hawkins 씨와 전화로 이 상황을 논의한 후, 그녀는 제 사업체인 Good Times Books가 정부 지원을 받을 자격이 있다는 것을 확인해 주었습니다.

제가 시청을 방문했을 때 Hawkins 씨는 제게 신청 절차를 안내해 주었습니다. 일주일 후 제 계좌에 자금이 입금되었습니다.

Hawkins 씨가 아니었다면 제 노력은 원하는 결과로 이어지지 못했을 것입니다. 그녀는 부서의 자랑이며 저는 앞으로도 그녀와 다시 함께 일할 수 있기를 희망합니다.

안부를 전하며,

Harold Baker,
Good Times Books 주인 드림

어휘
regarding ~에 관한
outstanding 뛰어난, 탁월한
with regard to ~에 관해서
performance 실행, 수행
economic 경제의
city hall 시청
funding 자금 조달
qualify 자격이 있다
be eligible for ~의 자격이 있다
application 신청, 지원
deposit 예금하다
effort 노력
desired 바라던, 원하던
credit 자랑거리
department 부서, 부분
assistance 도움, 원조
grant 보조금
assure 확신시키다
backing 지원, 후원
process 절차, 과정
account 계좌
result in ~의 결과가 되다
outcome 결과

05 ④

해설 글 마지막에서 비용이 얼마인지 알려주면 바로 송금하겠다고 말했으므로 돈을 아직 송금하지 않은 상황인 것을 알 수 있다. 따라서 글의 내용과 일치하지 않는 것은 ④ 'Mercer 씨는 이미 필요한 금액을 송금했다.'이다.
① Mercer 씨는 작년에 커뮤니티 센터에서 연설했다.
② 몇몇 사람은 Mercer 씨가 강연을 언제 할지에 관해 문의해 오고 있다.
③ Mercer 씨는 3월에 연설할 공간을 예약하고 싶어 한다.

06 ①

해설 맥락상 fit은 '(어느 장소에 인원이) 들어가다'라는 뜻으로 쓰였으므로, 이와 의미가 가장 가까운 것은 ① 'hold(수용할 수 있다)'이다.
② (어떤) 모양으로 만들다 ③ 자격을 주다 ④ 구성되다

05-06

해석 수신: Andrew Kennedy 〈akennedy@grovercc.org〉
발신: Angela Mercer 〈a_mercer@greenthumb.com〉
제목: 강의실 예약
날짜: 3월 11일

친애하는 Kennedy 씨에게,

저는 Green Thumb의 Angela Mercer입니다. 작년에 그로버 커뮤니티 센터에서 강의실을 예약했을 때 연락을 드린 적이 있습니다. 저는 같은 것(강의실 예약)을 다시 하고자 합니다.

작년 행사에서 정원 가꾸기 팁에 대한 제 강의는 많은 호평을 받았습니다. 예상했던 인원의 두 배에 달하는 30명을 넘는 사람이 참석했습니다. 벌써 여러 고객이 제가 언제 다시 강연하는지에 대한 문의를 해주셨습니다.

그래서 3월 29일 토요일 오후 3시부터 5시까지 강의실을 예약하고 싶습니다. 50명이 들어갈 강의실이 있나요? 그리고 마이크와 스크린을 준비해 주실 수 있나요? 제 노트북으로 사진들을 보여 줄 예정입니다.

비용이 얼마인지 알려주시면 바로 송금하겠습니다.

안부를 전하며,

Angela Mercer 드림

어휘

communicate with ~와 연락하다
gardening 정원 가꾸기
received 인정받은
reserve 예약하다
arrange 준비하다
laptop computer 노트북 컴퓨터
transfer 송금하다
book 예약하다
extremely 아주, 대단히
inquire 문의하다
in addition 덧붙여
microphone 마이크
fee 요금

07 ③

해설 두 번째 단락 마지막 문장에서 Harper 씨는 북클럽 참석에 관심이 있다고 말했으며, 이 이메일을 쓴 이유가 다가오는 북클럽에 대한 정보를 얻기 위함이었으므로, 글의 내용과 일치하는 것은 ③ 'Harper 씨는 북클럽 모임에 참석하고자 한다.'이다.

08 ④

해설 맥락상 like는 '비슷한'이라는 뜻으로 쓰였으므로, 이와 의미가 가장 가까운 것은 ④ 'similar(비슷한)'이다.
① 선호되는 ② 존경스러운 ③ 환영받는

07-08

해설 수신: Lucinda Meyers 〈lucinda@jeffersonlibrary.org〉
발신: Terry Harper 〈t_harper@wjt.com〉
제목: 다가오는 행사
날짜: 10월 11일

Meyers 씨에게,

저는 제 지인으로부터 제퍼슨 도서관에서 곧 지역 북클럽 모임을 주최할 예정이라는 소식을 들었습니다. 안타깝게도 귀하의 웹사이트에서 이에 대한 정보를 찾을 수 없었습니다.

저는 최근에 뉴욕에서 제퍼슨 시로 이사했습니다. 저는 책, 특히 소설의 열렬한 독자이며 비슷한 관심사를 가진 사람들을 만나는 것에 열정적입니다. 이것이 제가 다가오는 모임에 이토록 참석하고 싶어 하는 이유입니다.

제 친구가 맞았는지 알려주시겠어요? 모임이 있다면 언제 어디서 열리나요? 제가 참석하기 위해 일정을 조정할 수 있도록 신속하게 답변해 주시면 감사하겠습니다. 이메일로 회신 부탁드립니다.

진심을 다해,

Terry Harper 드림

어휘

upcoming 다가오는
host 주최하다
novel 소설
attend 참석하다
swift 신속한
acquaintance 아는 사람, 지인
avid 열심인, 열렬한
enthusiastic 열심인, 열광적인
correct 옳은, 맞는
response 응답, 대답
arrange 정리하다, 조정하다
attendance 출석, 참석
via ~에 의해, ~을 통하여
ensure 반드시 ~하다
respond 응답하다

09 ②

해설 첫 단락에서 새 여권을 신속하게 발급할 방법을 알려달라고 요청하고 있으므로, 글의 목적으로 가장 적절한 것은 ② '새 여권을 빠르게 발급할 방법을 문의하려고'이다.

10 ④

해설 맥락상 reach는 '연락하다'라는 뜻으로 쓰였으므로, 이와 의미가 가장 가까운 것은 ④ 'contact(연락하다)'이다.
① 도착하다 ② 연장하다 ③ 달성하다

09-10

해설 수신: help@usforeignaffairs.org
발신: Justin Carter 〈jcarter@midway.com〉
제목: 여권 관련 긴급 사항
날짜: 8월 5일

관계자분께,

제 이름은 Justin Carter이고 현재 내슈빌에 거주하고 있습니다. 제가 여권을 분실했는데, 며칠 내에 업무차 스페인에 가야 해서 새 여권을 신속하게 발급받는 방법에 대한 안내를 긴급히 요청하고 싶습니다.

어제 지역 구청을 방문했지만, 긴급 여권 발급은 처리할 수 없다고 알려주었습니다. 그들은 추가 안내를 위해서는 외무부에 연락하여 추가 지원을 받으라고 제안하며 귀하(부서)의 이메일을 알려주었습니다.

여권 발급을 신속하게 처리하기 위해 제가 따라야 할 조치와 제출해야 할 서류를 알려주세요. 필요한 경우 즉시 관청이나 다른 장소도 방문할 수 있습니다.

귀하의 안내와 지원을 기다리겠습니다.

안부를 전하며,

Justin Carter 드림

어휘

urgent 긴급한, 긴박한
resident 거주자
obtain 얻다
district office 구청
emergency 비상, 돌발 사태
assistance 도움, 조력
expedite 신속히 처리하다
available 시간[여유]가 있는
require 요구하다
support 도움, 힘
passport 여권
guidance 안내
on business 업무로
process 처리하다
foreign affairs 외교 문제, 외무
document 문서, 서류
issuance 발급, 발행
immediately 곧, 바로
look forward to ~을 기대하다

11 ①

해설 동네에서 정전이 자주 있는 것과 관련하여 불만을 제기한 후에 이에 대한 조치를 취해달라고 하고 있다. 따라서 글을 쓴 목적으로 가장 적절한 것은 ① '최근 정전에 대해 불평하려고'이다.
② 자신의 전기 요금이 너무 비싸다고 말하려고
③ 가로등을 더 설치해달라고 요청하려고
④ 작업 인력이 사무실을 방문하도록 요청하려고

12 ④

해설 맥락상 interrupted는 '지장을 주다'라는 뜻으로 쓰였으므로, 이와 의미가 가장 가까운 것은 ④ 'disturbed(방해하다)'이다.
① 만나다 ② 연기하다 ③ 짜증 나게 하다

11-12

해석 수신: Kevin Carlyle <kevin_c@richmondpower.org>
발신: Susannah Morris <susannah@nto.com>
제목: 리치몬드 전력의 문제
날짜: 10월 23일

Carlyle 씨에게,

귀하가 리치몬드 전력에서 고객 불만 사항을 처리하는 담당자이시기 때문에 귀하에게 글을 씁니다. 저는 최근 저희 동네에 전기가 자주 끊긴 것에 대한 불만(사항)을 알리고자 합니다.

저는 콜드워터 동네 36 애플대로에 거주하고 있습니다. 지난 2주 동안 저희 동네의 전기가 무려 7번이나 끊겼습니다. 이러한 (전력) 서비스 중단은 주로 저녁에 발생하여 다양한 가족 활동에 지장을 주었기 때문에 특히나 불편했습니다.

제가 통화한 고객 서비스 담당자는 저희 (집) 도로 전선에는 아무런 문제가 없다고 주장했습니다. 그렇다 하더라도 이번 주에 작업 인력을 저희 동네로 보내 전선을 점검해 주실 것을 요청합니다. 더 이상의 정전은 결코 용납될 수 없습니다.

안부를 전하며,

Susannah Morris 드림

어휘
individual 사람
responsible 책임이 있는
handle 처리하다
complaint 불만, 불평
dissatisfaction 불만족
electricity 전기
go out (불·전깃불이) 꺼지다[나가다]
neighborhood 근처, 이웃
lately 최근에
reside 살다
power 전력
no fewer than 최소한
disruption 방해, 지장
especially 특히
inconvenient 불편한
typically 보통, 일반적으로
occur 일어나다, 생기다
various 여러 가지의
representative 대표자, 대리인
insist 주장하다
electric wire 전선
nevertheless 그럼에도 불구하고
work crew 작업조[반]
inspect 조사하다, 검사하다
power outage 정전

UNIT 08 안내문

본서 p. 120

01	③	02	③	03	③	04	④	05	②
06	③	07	①	08	④	09	②	10	②
11	①	12	④						

01 ③

해설 2번째 단락 마지막 문장에서 악천후 시에는 베이크 세일을 센터 내부에서 진행한다고 언급되므로, 글의 내용과 일치하지 않는 것은 ③ '악천후 시에는 취소된다.'이다.

02 ③

해설 맥락상 Proceeds는 '수익금'이라는 뜻으로 쓰였으므로, 이와 의미가 가장 가까운 것은 ③ 'Earnings(수익금)'이다.
① 결과 ② 보상 ④ 진전

01-02

해석 **월슨 커뮤니티 센터에서 열리는 베이크 세일**

월슨 커뮤니티 센터에서 6월 15일 토요일과 16일 일요일에 11번째로 연례 베이크 세일을 개최합니다. 모든 지역 주민이 맛있는 케이크, 쿠키, 컵케이크 및 기타 디저트 일부를 구매하도록 권장합니다.

베이크 세일은 토요일에는 오전 9시부터 오후 4시까지, 일요일에는 오후 1시부터 오후 6시까지 진행됩니다. 판매 제품은 커뮤니티 센터 앞에 마련될 예정입니다. 판매 수익금은 센터의 시설을 개선하는 데 사용됩니다. 악천후 시에는 커뮤니티 센터 내부에서 판매가 진행됩니다.

판매할 제빵 제품 기부를 환영합니다. 또한 아낌없는 기부를 해주신 Chet's Bakery와 Donuts Galore에도 감사의 말씀을 전합니다.

어휘
bake sale 베이크 세일, 빵 바자회(보통 학교나 자선단체에서 기금을 모으기 위해 빵, 케이크 등을 구워 파는 행사)
annual 일 년의
resident 거주자
encourage 격려하다, 권하다
purchase 사다
delicious 맛있는
sweet 디저트(용 단 음식)
take place 개최되다
item 품목
utilize 활용하다
improve 개선하다
facility 시설, 설비
severe 심한, 힘든
donation 기부
welcome 환영받는
generous 후한, 관대한
contribution 기부, 기증

03 ③

해설 글 중반부에서 아프리카, 남미, 아시아에서 온 이국적인 꽃이 있다고 언급되므로, 글의 내용과 일치하는 것은 ③ '여러 대륙의 꽃이 전시된다.'이다.
① 전년도에는 개최되지 않았다.
② 일주일 넘게 열릴 예정이다.
④ 행사 기간 동안 매일 방문객에게 요금을 부과한다.

04 ④

해설 맥락상 caring for는 '가꾸다'라는 뜻으로 쓰였으므로, 이와 의미가 가장 가까운 것은 ④ 'looking after(돌보다)'이다.
① 심다 ② 감탄하며 바라보다 ③ 기다리다

03-04

해석 **클레어몬트 꽃 축제가 곧 시작됩니다**

클레어몬트시에서 27년 연속으로 연례 꽃 축제를 또 한 번 개최합니다. 모든 종류의 아름다운 꽃을 볼 수 있도록 여러분을 초대합니다.

날짜: 5월 10일~14일
시간: 매일 오전 9:00~오후 7:00
장소: 베이사이드 공원

세부 사항: 전 세계의 꽃을 선보이는 150개가 넘는 부스가 있을 예정입니다. 장미, 카네이션, 라일락, 백합 등을 둘러보세요. 아프리카, 남미, 아시아에서 온 이국적인 꽃을 만나보세요. 다양한 꽃 전시, 직접 키울 수 있는 꽃과 씨앗을 구매할 기회, 꽃을 가꾸는 방법에 대한 강의도 마련되어 있습니다.

티켓: 입장권은 성인 3달러, 12세 이하 어린이는 1달러입니다. 티켓 조각이 있으면 축제 동안 매일 입장할 수 있으므로 잘 보관하세요.

추가 정보: (555) 864-4291로 전화하여 Janet Worthington에게 문의하겠다고 요청하시거나 www.clermontflowerfestival.org를 방문하세요.

어휘
in a row 연이어, 계속해서
booth 부스, 칸막이 점포
feature 특별히 포함하다, 특징으로 삼다
exotic 이국적인, 외국산의
numerous 다수의, 수많은
display 전시, 진열
opportunity 기회
seed 씨앗
cost ~의 비용이 들다
adult 성인, 어른
stub 토막, (표 등에서 한쪽을 떼어 주고) 남은 부분

05 ②

해설 겨울 시즌 동안 커뮤니티 센터에서 운영하는 농구 리그에 등록할 사람들을 모집하는 글이다. 따라서 글의 제목으로 가장 적절한 것은 ② '겨울 농구를 하기 위해 등록하세요'이다.
① 노인을 위한 스포츠 수업
③ 저희 센터에서 다양한 스포츠를 즐겨보세요
④ 와서 코치가 되기 위한 훈련을 받으세요

06 ③

해설 맥락상 run은 '진행되다'라는 뜻으로 쓰였으므로, 이와 의미가 가장 가까운 것은 ③ 'last(계속되다)'이다.
① 시작하다 ② 작동하다 ④ 뛰다

05-06

해석 **겨울 농구를 하기 위해 등록하세요**

헤플린 커뮤니티 센터가 후원하는 겨울 농구 리그의 등록 양식을 이제 받고 있습니다. 14세~17세 남학생, 14세~17세 여학생, 18세 이상 남성, 18세 이상 여성 등 4개 리그가 계획되어 있습니다. 리그당 팀 수는 등록 인원수에 따라 달라집니다.

등록하기 위해서는 헤플린 커뮤니티 센터의 안내 데스크를 방문하세요. 등록 기간은 11월 16일에 종료됩니다. 팀 명단은 11월 18일에 발표됩니다. 연습은 11월 20일부터 진행됩니다. 시즌은 12월 1일부터 2월 15일까지 진행됩니다.

커뮤니티 센터 회원에게는 $10의 등록비가 있습니다. 비회원은 20달러의 등록비를 지불해야 합니다. 코치나 심판으로 봉사하고 싶은 분은 cmurray@heflincc.org로 Craig Murray에게 이메일을 보내주세요. 경력과 가능한 시간을 기재해 주세요.

어휘
registration 등록
sponsor 후원하다
accept 받아들이다
depend upon ~에 달려 있다, 좌우되다
register 등록하다
sign up 등록하다, 가입하다
conclude 끝나다, 마치다
roster 등록 멤버
announce 알리다, 고지하다
registration fee 등록비
referee 심판, 주심
list 기입[기재]하다

07 ①

해설 3년 만에 재개하는 "공원에서의 Shakespeare" 연극 상연을 홍보하는 글이므로, 글의 제목으로 가장 적절한 것은 ① '공원에서의 Shakespeare가 돌아옵니다'이다.
② 센터빌에서의 Shakespeare 도서 낭독회
③ Shakespeare 연극 감독을 모집합니다
④ 연극 오디션 기회를 놓치지 마세요

08 ④

해설 글 마지막에서 우천 시에 연극은 그다음 주에 상연한다고 언급되므로, 글의 내용과 일치하지 않는 것은 ④ '우천 시에는 다음날 상연한다.'이다.
① 네 개의 연극을 상연한다.
② 참석자는 돈을 지불할 필요가 없다.
③ 모든 사람에게 충분한 의자를 제공하지 않는다.

07-08

해석 **공원에서의 Shakespeare가 돌아옵니다**

3년간의 공백 끝에 "공원에서의 Shakespeare"가 7월부터 센터빌에서 재개됩니다. 모든 연극은 글라스카우 공원 동쪽 구역의 야외 무대에서 열립니다. 공연은 현지 Shakespeare 공연 단체인 King's Men이 진행합니다.

다음 연극이 예정되어 있습니다.

날짜	공연
7월 10일 토요일	'한여름 밤의 꿈'
7월 24일 토요일	'오셀로'
8월 8일 일요일	'끝이 좋으면 다 좋아'
8월 22일 일요일	'헛소동'

각 행사의 참가는 무료이지만 기부도 받습니다. 좌석이 한정되어 있으므로 관객은 개인 의자를 가져오거나, 잔디밭에 앉고 싶은 경우 담요를 지참하시기를 권장합니다. 음식과 음료는 공원 내 상인들이 판매합니다. 우천 시 해당 공연은 그 다음 주에 진행됩니다.

어휘

resume 다시 시작하다
following 다음의
seat 좌석, 자리
audience 청중, 관중
beverage 음료
affected 영향 받은, 피해 입은
miss (기회를) 놓치다
attendee 참석자, 출석자
section 구역
schedule 예정하다
limited 한정된
blanket 담요
vendor 노점 상인
recruit 모집하다
audition 오디션

09 ②

해설 각자 집에서 만든 요리를 가져와 이웃과 나누어 먹으며 교류하는 행사에 관해 안내하는 내용의 글이다. 따라서 글의 제목으로 가장 적절한 것은 ② '이웃과 함께하는 저녁 식사를 위해 모이세요'이다.

① 다양한 요리를 조리하는 방법을 배우세요
③ 도움이 필요한 사람들에게 음식을 제공하는 자원 봉사를 하세요
④ 음식 경연: 집에서 만든 요리 중에 어떤 것이 최고일까?

10 ②

해설 맥락상 consuming은 '먹다'라는 뜻으로 쓰였으므로, 이와 의미가 가장 가까운 것은 ② 'eating(먹다)'이다.

① 사용하다 ③ 돈을 쓰다 ④ 제거하다

09-10

해석 **이웃과 함께하는 저녁 식사를 위해 모이세요**

살렘 커뮤니티 센터에서 처음으로 "이웃과 만나는 포트럭 저녁 식사"를 개최하게 되어 기쁩니다. 최근 살렘의 인구가 급격히 증가함에 따라 이 행사는 지역 주민들에게 이웃을 만나고 새로운 친구를 사귈 수 있는 기회를 제공할 것입니다.

날짜: 9월 18일 토요일
시간: 오후 4시부터 오후 8시까지
위치: 살렘 커뮤니티 센터

참석 대상: 모든 지역 주민을 초대합니다. 온 가족이 함께 참석하세요. 많을수록 좋습니다.

준비물: 각 가족 또는 개인은 다른 참석자들과 함께 나눌 수 있는, 집에서 만든 요리를 가져와야 합니다. 수프, 샐러드, 앙트레, 애피타이저, 디저트 모두 환영합니다. 요리를 먹을 때 일회용 접시, 그릇, 식기가 필요한 경우 이것들을 가져와 주세요. 음료와 냅킨은 커뮤니티 센터에서 제공합니다.

9월 18일에 가능한 한 많은 분들을 만나 뵙기를 기대합니다.

어휘

potluck 포트럭(여러 사람이 각자 음식을 조금씩 가져 와서 나눠 먹는 식사)
population 인구, 주민 수
opportunity 기회
entire 전체의
homemade 집에서 만든
share with 함께 나누다
appetizer 애피타이저, 전채
disposable 일회용의
bowl 그릇
cuisine 요리(법)
rapidly 빠르게
show up 나타나다, 오다
merry 명랑한, 유쾌한
dish 음식, 요리
entrée 앙트레(주요리 앞에 나오는 요리)
dessert 디저트
plate 접시
utensil 도구
volunteer 자발적으로 신청하다

11 ①

해설 다음 주 목요일에 열리는 호프웰 시의회 회의에 주민을 초대하는 공고문이다. 따라서 글의 목적으로 가장 적절한 것은 ① '지역 의회 회의에 사람들을 초대하려고'이다.

② 의회 구성원 변경을 알리려고
③ 회의 시간 변경을 주민에게 안내하려고
④ 회의 안건에 대한 의견을 요청하려고

12 ④

해설 글 후반부에서 참석할 수 없는 사람은 웹사이트를 방문하여 의견을 남기거나 문의할 수 있다고 언급되므로, 글의 내용과 일치하지 않는 것은 ④ '참석할 수 없는 경우 이메일로 의견을 남길 수 있다.'이다.

11-12

해석 **호프웰 시의회 회의**

호프웰의 모든 주민은 다음 주 목요일인 4월 28일 오후 6시에 열리는 호프웰 시의회 회의에 참석하시길 권장드립니다. Anthony Nelson 시장뿐만 아니라 시의원 5명 전원이 참석할 예정입니다.

다음 주 회의 안건은 도시 도로 보수, 샴록 로드 52번지의 공터에 대한 계획, 도시 부동산세 인상 제안입니다.

참석자들은 의견을 제시하고 질문할 수 있습니다. 각 개인은 최대 3분까지 발언할 수 있습니다. 이 시간 제한은 발언을 원하는 모든 사람에게 그 기회를 보장할 것입니다. 참석할 수 없지만 의견을 제시하거나 질의하고 싶으신 분은 www.hopewellcity.gov/comments을 방문하셔서 그렇게 하시면(의견을 제시하거나 질의하면) 됩니다.

참석자들은 다른 의견을 가진 사람들을 존중하고 항상 정중하게 토론에 참여해야 할 것을 기억하시길 바랍니다.

어휘

city council 시의회
agenda 안건, 의제
lot 땅, 부지
raise 올리다, 인상하다
comment 의견
remind 생각나게 하다
differing 상이한
engage in ~에 참여하다
discourse 담론
mayor 시장
repair 수리, 수선
proposal 제안, 제의
property tax 재산세, 부동산세
inquiry 질문, 문의
respectful 예의 바른, 정중한
opinion 의견, 견해
polite 공손한, 예의 바른
notify ~에게 통지하다, 알리다

UNIT 09

웹페이지 글

본서 p. 136

01	③	02	④	03	③	04	③	05	②
06	③	07	③	08	③	09	④	10	④

01 ③

해설 5번째 문장에서 거주지 증명도 제시해야 한다고 언급되므로, 글의 내용과 일치하지 않는 것은 ③ '거주지 증명은 필요하지 않다.'이다.

해석 법 개정으로 인해 더 이상 지역 구청에서 유권자 등록을 할 수 없습니다. 이제 모든 투표 자격이 있는 시민은 시청 403호실을 방문하여 등록해야 합니다. 투표 자격이 있는 유권자는 18세 이상의 자국 시민입니다. 개인은 신분을 증명해야 하므로 운전면허증이나 여권 등 어떠한 형태의 사진이 포함된 신분증을 제시해야 합니다. 또한 개인의 이름과 주소가 기재된 공과금 고지서나 전화 요금 청구서 등 거주지 증명도 제시해야 합니다. 오는 11월 3일에 실시되는 이번 선거에서 투표를 희망하는 모든 개인은 10월 3일까지 유권자 등록을 마쳐야 합니다. 자세한 내용은 여기를 클릭하세요.

어휘

voter registration 선거인 등록, 유권자 등록
due to ~ 때문에, 이유로
citizen 시민
proof 증명, 증거
driver's license 운전면허증
utility bill 공과금 고지서
election 선거
law 법률
eligible 자격이 있는
identity 본인임, 신원
residence 거주
present 제출하다

02 ④

해설 마지막 문장에서 자원봉사자를 환영한다고 했으므로, 글의 내용과 일치하지 않는 것은 ④ '이곳은 현재 자원봉사자를 받지 않는다.'이다.

① 이곳은 센터빌 시 최초의 도서관이다.
② 이곳은 대출할 수 없는 자료를 소장하고 있다.
③ 단체가 이곳에서 회의를 여는 것을 허용한다.

해석 센터빌 도서관은 센터빌 시에서 가장 오래된 도서관입니다. 1876년 Alfred Moore의 기부금으로 설립된 이 도서관은 머큐리대로 57번지에 있는 원래 건물에 그대로 남아 있습니다. 이 도서관은 고객이 대출할 수 있는 25,000권이 넘는 도서를 소장하고 있습니다. 또한 정기 간행물, 잡지, 신문을 포함한 광범위한 연구 부문도 있습니다. 이러한 자료는 대출이 불가능합니다. 도서관은 지역 단체 및 기관의 모임 장소로 활용되며, 때때로 작가 사인회와 같은 다양한 강연과 특별 행사를 후원하기도 합니다. 현재 도서관은 전자책 컬렉션을 강화하기 위해 노력하고 있습니다. 인쇄물 기증과 지역 자원봉사자들의 봉사도 환영합니다.

어휘

found 설립하다, 세우다
remain 남아 있다
collection 소장품
borrow 빌리다
research 연구, 조사
journal 정기 간행물
organization 조직, 기구
lecture 강의, 강연
grant 기부금, 조성금
house 장소를 제공하다, 수용하다
patron 고객
extensive 광범위한
including ~을 포함하여
check out 대출하다
sponsor 후원하다
presently 곧, 현재

enhance 늘리다, 더하다
donation 기증, 기부
contain 담고 있다, 포함하다
electronic book 전자책
print 인쇄하다

03 ③

해설 5번째 문장에서 객실은 선착순으로 예약할 수 있다고 언급되므로, 글의 내용과 일치하는 것은 ③ '예약은 선착순으로 받는다.'이다.

해석 새로운 온라인 등록 절차 덕분에 와들리 커뮤니티 센터에서 여러분의 다음 특별 행사를 위해 객실을 예약하는 것이 더 이상 번거로운 일이 아니게 되었습니다. 여기를 클릭해 양식을 작성하기만 하면 됩니다. 그런 다음 신용카드 또는 은행 송금으로 결제하면 객실이 예약됩니다. 모든 예약은 행사 시작 최소 24시간 전까지 완료해야 합니다. 객실은 선착순으로 예약 가능합니다. 객실 예약 수수료는 객실의 크기, 객실이 필요한 시간, 예약하는 분이 커뮤니티 센터 회원인지의 여부에 따라 결정됩니다. 결제에 대한 자세한 내용은 555-0923 내선 55번으로 Stephanie Truist에게 문의하세요.

어휘
book 예약하다
registration 등록
complete 완성하다, 채우다
bank transfer 은행 계좌 이체
at least 최소한, 적어도
first-come, first-served 선착순
fee 요금
hassle 번거로운 일[상황]
process 과정, 처리
payment 지불, 지급
reserve 예약하다
prior to 전에
basis 원칙, 기준
be based upon ~에 근거를 두다

04 ③

해설 4번째 문장에서 상세 진행 보고서는 이메일이 아닌 앱을 통해 제공된다는 점을 알 수 있다. 별도의 요청이 필요한지 또한 글에서 언급되지 않았다. 따라서 내용과 일치하지 않는 것은 ③ '진행 보고서는 요청 시 이메일을 통해 확인할 수 있다.'이다.
① 사용자들은 기존 그룹에 가입하거나 자신만의 그룹을 만들 수도 있다.
② 상호 격려를 위해 사진과 영상이 공유될 수 있다.
④ 최신 업데이트에는 웹 버전에 대한 접근 권한이 포함되어 있다.

해석 **Daily Group Challenge: 팀 동기 부여를 위한 확실한 플랫폼**
문화부처에서 개발한 Daily Group Challenge 앱은 팀이 함께 동기 부여된 상태를 유지할 방법을 제공합니다. 사용자들은 운동 과제부터 생산성 목표에 이르기까지 매일의 목표를 설정하고 추적하기 위해 그룹을 만들거나 그룹에 가입할 수 있습니다. 회원들은 본인들의 성취를 나타내고, 진행 상황을 추적하고, 서로를 격려하기 위해서 사진 및 짧은 영상을 공유할 수 있습니다. 이 앱은 사용자들이 개인 맞춤형 목표를 설정하고 달성하도록 돕는 동기 부여 조언, 알림 및 상세 진행 보고서를 제공합니다. 여러분은 모바일 장치로 접속하거나, 혹은 앱의 최신 업데이트 출시로 현재 이용 가능해진 웹 버전을 통해서 접속할 수 있습니다.

어휘
go-to (도움을 얻는 데) 믿을 만한, 확실한
motivation 동기 부여
form 형성하다
track 추적하다
range from A to B 범위가 A부터 B에 이르다
productivity 생산성
clip 영상
mark 표시하다, 나타내다
accomplishment 성취
progress 진행, 진전
encourage 격려하다
motivational 동기를 주는
reminder (약속 등을) 상기시켜 주는 것, 알람
detailed 상세한
achieve 달성하다
personalize (개인의 필요에) 맞추다
access 접속하다; 접근 권한
device 장치
release 출시
existing 기존의
mutual 상호의, 서로의
encouragement 격려
via ~을 통해
upon request 요청 시

05 ②

해설 글 중반부의 표에서 매회 다른 강사가 강연하는 것을 알 수 있으므로, 글의 내용과 일치하는 것은 ② '매회 다른 강사가 강연한다.'이다.

06 ③

해설 맥락상 cover는 '다루다, 포함하다'라는 뜻으로 쓰였으므로, 이와 의미가 가장 가까운 것은 ③ 'concern(관련되다)'이다.
① 포장하다 ② 숨기다 ④ 대체하다

05-06

해석 **데이턴 중소기업 협회 웹사이트에 오신 것을 환영합니다**
데이턴 중소기업 협회(DSBA)가 오는 10월과 11월에 일련의 특별 세미나를 개최한다는 소식을 알려드리게 되어 기쁘게 생각합니다. 두 달 동안 첫째, 셋째 토요일 오후 4시부터 6시까지 총 4번의 세미나가 열리며, 세미나에서는 다음과 같은 내용을 다룰 예정입니다.

일시	주제	강사
10월 5일	온라인 마케팅	Leslie Dryden
10월 19일	인쇄 매체 광고 방법	Walter Chapman
11월 2일	해외 시장 영업	Harold James
11월 16일	소셜 미디어 페이지 운영	Alice Powers

각 이벤트의 참가비는 DSBA 회원의 경우 150달러, 비회원의 경우 220달러입니다. 자리가 한정되어 있으므로 서둘러 예약하세요. 10명 이상 단체 할인은 jwelsh@dsba.org를 통해 Julius Welsh에게 문의하여 신청할 수 있습니다.

어휘
pleased 기뻐하는, 만족한
announce 알리다, 발표하다
host (행사를) 주최하다, 열다
seminar 세미나
take place 열리다, 일어나다
advertising 광고
method 방법
foreign 외국의
operate 운영하다, 관리하다
cost ~의 비용이 들다
nonmember 비회원
limited 한정된, 유한한
spot 장소, 현장
group discount 단체 할인

07 ③

해설 4번째 문장에서 참여하는 가게들은 길 잃은 노인이 가족과 만날 때까지 안전한 보호소의 역할을 한다고 언급했다. 따라서 글의 내용과 일치하는 것은 ③ '가게들은 가족이 올 때까지 길 잃은 노인을 보호해 준다.'이다.
① 노인들에게 안전한 주거를 제공하기 위한 프로그램이다.
② 편의점의 다양한 제품을 활용한다.

④ 비상 연락 정보가 있는 신분증은 경찰서에서만 발급된다.

해석 지역 편의점을 통한 노인 안전 보장

시청에서는 길 잃은 노인분들을 찾는 것을 돕도록 고안된 노인분들을 위한 새로운 프로그램을 시작합니다. 이 계획은 지역 편의점과 협력하여 노인분들의 안전을 보장하는 것을 목표로 합니다. 각 편의점을 24시간 이용할 수 있는 것을 최대한 활용하기 위해 이런 협력 체제를 마련했습니다. 참여하는 가게들은 길 잃은 노인분들을 관내 파출소나 주민 센터에 알리고 가족과 다시 만나실 때까지 안전한 보호소의 역할을 합니다. 노인분들은 시청이나 온라인을 통해 비상 연락처 정보가 포함된 신분증을 등록할 수 있습니다. 자세한 정보를 원하거나 등록을 위해서는 시청 또는 www.cityofficesenior.kr를 방문하세요.

어휘

launch 시작하다, 개시하다	senior citizen 노인
locate 찾아내다	initiative 새로운 계획, 조치
cooperation 협력	convenience store 편의점
aim ~을 목표로 하다	elderly 나이 든
establish 수립하다	cooperative 협력하는
optimize ~을 최대로 활용하다	availability 이용할 수 있음, 유용성
shelter 대피소, 피난처	reunite 재회하다
register 등록하다	emergency contact 비상 연락

08 ③

해설 3, 4번째 문장에서 테베의 희곡들이 연대순을 벗어나 집필 및 제작되었다고 언급된다. 따라서 글의 내용과 일치하지 않는 것은 ③ '테베 희곡들은 시대순으로 창작되었다.'이다.

① Sophocles는 총 123편의 비극을 썼다.

② 〈Antigone〉도 Oedipus 왕에 대한 내용이다.

④ 〈Oedipus the King〉은 고전 아테네 비극을 대표한다.

해석 그리스 극작가 Sophocles의 비극은 그리스 고전 드라마의 정점으로 여겨져 왔다. 안타깝게도 그가 쓴 123편의 비극 중 단 7편만이 살아남았지만, 그중에서도 가장 훌륭한 작품은 〈Oedipus the King〉일 것이다. 이 희곡은 Sophocles가 테베의 신화 속 왕인 Oedipus에 대해 쓴 세 편의 희곡 중 하나이며(다른 두 편은 〈Antigone〉와 〈Oedipus at Colonus〉이다), 총칭하여 테베의 희곡들로 알려져 있다. Sophocles는 이 희곡 각각을 별개의 작품으로 구상했으며, 그 작품들은 몇 년 간격으로 연대순을 벗어나 집필 및 제작되었다. 〈Oedipus the King〉은 정해진 형식적 구조를 따르고 있으며 아테네 고전 비극의 가장 좋은 예로 꼽힌다.

어휘

tragedy 비극	dramatist 극작가
regard 여기다	mythical 신화 속의
collectively 총체적으로	conceive 구상하다
entity 존재, 실체	chronological 연대순의
establish 설정하다	time order 시대 순서

09 ④

해설 마지막 문장에서 미국의 한 분석가가 말하길, 정부가 90년대 후반부터 콜린에 관한 데이터를 검토하거나 정책을 수립하지 않아 의료 전문가들조차 그에 대해 잘 모른다고 언급되었다. 따라서 글의 내용과 일치하지 않는 것은 ④ '미국에서 90년대 후반부터 콜린의 중요성이 강조되어 왔다.'이다.

① 대다수의 미국인은 충분한 콜린을 섭취하고 있지 않다.

② 콜린은 두뇌 발달에 필요한 필수 영양소이다.

③ 간과 라이머콩과 같은 음식은 콜린의 좋은 공급원이다.

해석 당신은 콜린을 충분히 섭취하고 있는가? 아마 이 영양소는 당신의 레이더에조차 없을(알지도 못할) 것이다. 이제 콜린이 마땅히 받아야 할 관심을 받을 때이다. 최근 연구에 따르면, 충격적이게도 미국인의 90%가 콜린을 충분히 섭취하고 있지 않다. 콜린은 모든 연령과 (발달) 단계에서 건강에 필수적이며, 특히 두뇌 발달에 매우 중요하다. 왜 우리는 (콜린을) 충분히 섭취하고 있지 않은가? 콜린은 다양한 음식에서 발견되지만 소량으로 발견된다. 또한 콜린이 풍부한 음식이 가장 인기 있는 것도 아닌데, 간, 달걀노른자, 라이머콩을 생각해 보라. 최근 미국의 콜린 섭취량을 분석한 Taylor Wallace는 "우리 정부가 90년대 후반부터 콜린에 관한 데이터를 검토하거나 정책을 수립하지 않았기 때문에 의료 전문가들 사이에서조차 콜린에 대한 의식이 충분하지 않다."라고 말한다.

어휘

choline 콜린(비타민B 복합체)	chances are 아마도
nutrient 영양소	deserve ~을 받을 만하다
critical 중대한	development 발달
rich 풍부한	liver 간
yolk 노른자	analysis 분석
intake 섭취(량)	awareness 의식
policy 정책	stress 강조하다

10 ④

해설 마지막 문장에서 커피 하우스에서는 아는 사람이든 모르는 사람이든 같은 테이블 사람들과 대화를 나눴다고 언급되므로, 글의 내용과 일치하는 것은 ④ '커피 하우스에서는 모르는 같은 테이블 사람들과도 대화를 나눌 수 있었다.'이다.

해석 1700년경, 몇몇 이야기에 따르면, 런던에 2,000개가 넘는 커피 하우스가 있어, 다른 어느 업종보다도 더 많은 부지를 점유하고 더 많은 임차료를 냈다고 한다. 그것은 '페니 유니버시티'로 알려지게 되었는데, 그 가격(1페니)에 커피 한 잔을 사서 특별한 대화들을 들으며 몇 시간 동안 앉아 있을 수 있었기 때문이다. 각 커피 하우스는 각기 다른 유형의 고객층에 특화되어 있었다. 한 곳에서는 의사와 상담할 수 있었다. 다른 곳들은 개신교도, 청교도, 천주교도, 유대인, 문인, 무역상, 상인, 휘그당원, 토리당원, 육군 장교, 배우, 변호사, 또는 성직자들이 이용했다. 커피 하우스는 영국 최초 평등주의적 만남의 장소를 제공했고, 그곳에선 아는 사람이든 모르는 사람이든 같은 테이블 사람들과 대화를 나눴다.

어휘

account 이야기	occupy 점유하다
premises 부지	rent 임차료
trade 사업, 업계	extraordinary 놀라운, 특별한
specialize 전문적으로 하다	clientele 고객들
physician 의사	Protestant 개신교도
Puritan 청교도	Catholic 천주교도
Jew 유대인	literati 지식인들, 문학인들
merchant 상인, 무역상	clergy 성직자들
egalitarian 평등주의의	religious 종교의
get together 모이다	converse 대화를 나누다

UNIT 10 소재 중심의 독해

본서 p. 149

01	①	02	①	03	②	04	①	05	①
06	①	07	①						

01 ①

해설 이 글은 화자가 야외에서 그림을 그릴 때 지키는 한 원칙에 관한 내용이다. 화자는 원근감이 부적절한 헛간을 예로 들며, 보기에 혼란을 주고 올바르지 않은 물체들은 멀리하려고 한다고 했다. 따라서 빈칸에 들어갈 말로 가장 적절한 것은 ① '너무 어렵거나 이상한 대상을 선택하지 않는 것'이다.

② 상상으로 사물을 그리는 것
③ 추상적인 대상들로부터 정보를 얻는 것
④ 부정확한 그림들을 정확한 그림들로 바꾸는 것

해석 밖에서 그림을 그릴 때 내가 따르는 중요한 원칙들 중의 하나는 너무 어렵거나 이상한 대상을 선택하지 않는 것이다. 난 특이한 각도의 지붕이 있는 집이나 헛간, 혹은 크기와 원근감 또는 디자인이 정확하지 않아 보이는 물체들은 멀리하려고 한다. 당신이 대상을 바라볼 때 그것이 혼란스럽다면, 그것을 그리려고 시도할 때는 더 혼란스러울 것이다. 난 모서리가 직각이 아닌 아름다운 헛간을 알고 있다. 내가 아무리 여러 번 그것을 그려도, 그 원근감은 적절해 보이지 않는다. 이 헛간을 정확하게 그려서 사람들에게 보여준다면, 형편없는 원근감 때문에 난 온갖 종류의 비난을 받을 거라고 확신한다. 난 그 헛간이 실제로 이런 식으로 지어졌다고 비평가들에게 말하기 위해 그 자리에 있지는 않을 것이다. 그러므로 난 내게 올바르게 보이지 않는 대상들을 멀리한다.

어휘

principle 원칙	barn 헛간
perspective 원근감	subject 대상
confusing 혼란스러운	right angle 직각
accurate 정확한	criticism 비난
construct 건설하다	abstract 추상적인
convert 바꾸다	

02 ①

해설 긍정적인 태도와 일에 대한 열정을 강조하는 글이다. Edward Simpson의 말을 인용하여 능력보다는 태도가 중요함을 강조하고 있으므로, 빈칸에 들어갈 말로 가장 적절한 것은 ① '능력보다는 열정'이다.

② 태도보다는 능력
③ 열정보다는 능력
④ 관심보다는 태도

해석 만약 당신이 긍정적이지 않다면, 당신은 일에서 생산적일 수 없다. "인생이란 90%의 태도와 10%의 능력이다. 자신을 어떻게 나타내고 무엇을 제공해야 하는가는 전적으로 당신의 태도에 속해 있는 것이다."라고 판매 책임자인 Edward Simpson은 말한다. "회사는 성공하기 위해 알 필요가 있는 것을 당신에게 가르쳐 줄 수는 있지만, 태도를 가르쳐 줄 수는 없다. 관심이 없는 아주 유능한 사람과 열정이 있는 덜 유능한 사람 사이에서 선택할 때, 나는 항상 능력보다는 열정을 선택한다."라고 그는 덧붙여 말한다.

어휘

positive 긍정적인	productive 생산적인
representative 책임자	purely 완전히
competent 유능한	zeal 열정

03 ②

해설 이 글은 아날로그 방식의 영화 제작을 프레스코 화법과 템페라 화법에 비유하고, 디지털 방식의 영화 제작을 유화 화법에 비유하고 있다. 유화 화법이 수고로운 작업으로부터 화가들을 자유롭게 해 주었던 것처럼, 디지털 기술도 영화 제작자들이 영화로 할 수 있는 일을 재정립하고 있다는 내용이 빈칸 앞의 Similarly 앞뒤로 이어지고 있으므로, 빈칸에 들어갈 말로 가장 적절한 것은 ② '영화 제작자가 유화 화법처럼 영화의 영상을 다루는 것을 가능하게 함으로써'이다.

① 유화 화법을 아날로그 영화 제작 방식과 동일시함으로써
③ 영화 제작에 있어서 유화 방식에서 프레스코화 방식으로 변화하면서
④ 템페라 화법을 영화 특수 효과에 도입하여

해석 나는 아날로그에서 디지털로의 영화 제작 방식의 변화를 초기 르네상스 시대의 프레스코 화법(석회를 바른 벽에 석회가 마르기 전에 그림을 그리는 것)과 템페라 화법(안료에 달걀노른자와 물을 섞어 그린 그림)에서 유화 화법으로의 변화에 비유하고 싶다. 프레스코화를 그리는 화가는 물감이 마르기 전에 그려야 하는 제한 시간이 있으며, 일단 물감이 마르고 나면 그림에 더 이상의 변화를 주는 것이 불가능하다. 마찬가지로, 전통적인 영화 제작자는 일단 영상이 필름에 기록되고 나면 그것을 수정할 수 있는 수단이 제한적이다. 중세의 템페라 화법은 영화를 아날로그 방식으로 제작하던 시기의 특수 효과 실행에 비유될 수 있다. 템페라화를 그리는 화가는 그림을 수정하고 다시 그릴 수 있었지만, 그 과정은 고생스럽고 느렸다. 유화로의 전환은 화가들이 필요한 만큼 오랫동안 작품을 수정하는 것뿐만 아니라 훨씬 더 큰 작품을 빠르게 그려 내는 것을 가능하게 함으로써 그들을 대단히 자유롭게 해 주었다. 마찬가지로, 디지털 기술은 영화 제작자가 유화 화법처럼 영화의 영상을 다루는 것을 가능하게 함으로써, 영화로 할 수 있는 것들을 재정립한다.

어휘

shift 변화	modify 수정하다
medieval 중세의	painstaking 고생스러운
switch 전환	liberate 해방시키다
composition 작품	redefine 재정립하다
equate A with B A와 B를 동일시하다	

04 ①

해설 이 글은 소리들 사이의 공백이 음악에 구조와 조화를 만든다고 언급한다. 빈칸이 있는 문장은 'that 이하는 오해이다'라는 의미이므로, 빈칸에는 오해의 내용이 들어가야 한다. 쉼표의 완전한 박자가 맹렬한 음표의 완전한 박자보다 더 많은 음악을 담을 수 있다는 결론으로 보아 이 글은 쉼표의 중요성을 강조함을 알 수 있다. 따라서 빈칸에 들어갈 말로 가장 적절한 것은 ① '음표가 쉼표보다 더 중요하다'이다.

② 쉼표는 음악에 직접적인 기준점을 제공한다
③ 음악에서 침묵은 소리 못지않게 의미 있다
④ 멜로디는 소리의 집합에 지나지 않는다

해석 음표가 쉼표보다 더 중요하다는 것은 많은 음악가와 비음악가 모두에게 똑같이 흔한 오해이다. 이것은 놀라운 일이 아닌데, 그 이유는 음악을 음표 사이의 조용한 공백과 연관시키는 것보다 멜로디를 만들어 내는 소리와 연관시키는 것이 더 자연스럽기 때문이다. 쉼표는 조용하기 때문에, 사람들은 종종 비어 있는 시간을 중요하지 않은 것으로 잘못 해석한다. 그러나 만약 노래가 쉼표 없이 오직 음표로만 이루어져 있다면 무슨 일이 일어날지 상상해 보라. "쉼표는 더 이상

존재하지 않는다."(말장난이 의도됨)라는 사실과는 별도로, 음악에 있어서 기준점이나 식별할 수 있는 중추가 없는 소리의 벽이 있을 것이다. 그 이유는 소리들 사이의 공백이 작품에 기준치와 대조를 제공하며, 음악에 구조와 조화를 주기 때문이다. 사실, 완전한 소절의 쉼표가 완전한 소절의 맹렬한 음표보다 더 많은 음악을 담을 수 있다는 것은 경험 많은 음악가들 사이에서 흔한 말이다.

어휘

misconception 오해, 잘못된 생각 | associate A with B A와 B를 연관시키다
note 음표, 음 | rest (음악) 쉼, 쉼표
misinterpret 잘못 해석하다, 오해하다 | aside from ~과는 별도로
pun 말장난, 익살 | reference point 기준점
discernible 식별할 수 있는 | backbone 중추, 척추
baseline 기준치, 기준선 | texture 질감, 조화
measure 마디, 소절 | blistering 맹렬한, 격렬한

05 ①

해설 르네상스 이전의 예술은 평면적이고 상징적이었지만, 르네상스 시대의 예술은 기하학을 이용하여 입체적이고 정확하며 사실적으로 표현했다고 설명한다. 따라서 빈칸에 들어갈 말로 가장 적절한 것은 ① '정확하게'이다.
② 전통적으로
③ 현실감 없이
④ 상징을 통해

해석 수학은 분명히 르네상스 예술에 영향을 주었다. 르네상스 예술은 중세의 예술과 여러 가지 면에서 달랐다. 르네상스 이전에는 그림에 있는 물체들이 외관상 사실적이라기보다는 평평하고 상징적이었다. 르네상스 시대의 예술가들은 그림을 개혁했다. 그들은 그림 속의 물체들이 정확하게 표현되기를 원했다. 수학은 인간의 눈에 보이는 것처럼 물체들의 본질적인 형태를 원근법으로 표현하기 위해 사용되었다. 르네상스 시대의 예술가들은 기하학을 사용하여 원근법을 성취했는데 이것은 실제 세계를 사실적이고 정확하고 3차원적으로 묘사하게 했다. 수학을 예술, 특히 그림에 응용한 것은 르네상스 예술의 주된 특징 중 하나였다.

어휘

mathematics 수학 | definitely 분명히
flat 평평한 | symbolic 상징적인
reform 개혁하다 | represent 표현하다
portray 묘사하다 | perspective 원근법
geometry 기하학 | naturalistic 사실적인
three-dimensional 3차원의 | application 응용

06 ①

해설 글의 전반부에서는 축구가 예상 밖의 승리가 많아 다른 스포츠보다 흥미롭다고 말했지만, however를 기점으로 강팀은 더 강해지고 예상 밖의 승리를 할 기회는 적어지고 있다고 말했다. 따라서 빈칸에 들어갈 말로 가장 적절한 것은 ① '재미가 덜하고 더 예측 가능하게'이다.
② 다른 팀 스포츠보다 더 스릴 있게
③ 선수들에게 너무 많은 돈을 지급하는 스포츠가
④ 훨씬 더 많은 예상 밖의 승리가 일어나는 스포츠가

해석 축구는 다른 어떤 최고의 팀 스포츠보다 더 재미있다. 이것은 한 팀의 과학자들의 연구에 따른 것이다. 그들은 1888년 이후에 행해진 300,000회가 넘는 경기의 결과를 분석했다. 그들은 경기에서 '예상 밖의 승리'가 일어날 수 있는 가능성이 재미를 측정하는 좋은 척도가 된다고 결론지었다. 예상 밖의 승리란 더 약한 팀이 더 강한 팀을 이길 때의 경기를 말한다. 그들은 축구 시합이 더 많은 예상 밖의 승리를 일으킨다는 것을 알아냈다. 그러나 조사 결과가 다른 팀 스포츠 애호가들에게 전적으로 나쁜 소식만은 아니다. 지난 50년 동안 축구는 재미가 덜하고 더 예측 가능하게 된 것처럼 보인다. 이것은 강팀은 더 강해지고 예상 밖의 승리를 할 기회는 적어지고 있다는 것을 암시한다.

어휘

according to ~에 따르면 | analyze 분석하다
likelihood 가능성 | upset 예상 밖의 승리, 의외의 결과
survey 조사 | enthusiast 애호가

07 ①

해설 빈칸이 지문 중간에 있으므로 빈칸 주변의 연결사를 확인한다. 역접의 접속사 But이 있는 것으로 보아 빈칸에는 앞 내용과 상반되는 내용이 올 것임을 알 수 있다. 빈칸 뒤의 문장에서도, 동정심을 느껴 선행을 하는 것은 옳고 그름의 문제와는 관계가 없다고 하고 있으므로, 빈칸에 들어갈 말로 가장 적절한 것은 ① '그것은 전혀 도덕적인 행동이 아닐 것이다'이다.
② 당신의 행동은 이성에 기초한다
③ 그렇다면 당신은 윤리적 행위를 드러내는 것이다
④ 당신은 그가 정직한 사람이 되도록 격려하고 있는 것이다

해석 당신의 문에 누군가 노크를 한다. 당신 앞에는 도움이 필요한 한 젊은이가 서 있다. 그는 부상을 당했고 피를 흘리고 있다. 당신은 그를 데리고 들어와 도와주며, 그가 편안하고 안전하게 느끼도록 한 뒤, 전화를 걸어 응급차를 부른다. 이것은 분명 올바른 일이다. 하지만 임마누엘 칸트에 따르면, 당신이 그저 그에게 동정심을 느껴서 그를 돕는 것이라면, 그것은 전혀 도덕적인 행동이 아닐 것이다. 당신의 동정심은 당신의 행위의 도덕성과는 무관하다. 그것은 당신의 성품의 일부일 뿐, 옳고 그름과는 무관하다. 칸트에게 도덕성이란, 그저 무엇을 하는가가 아닌, 왜 그것을 하는가에 관한 것이다. 올바른 일을 하는 사람들은 단순히 자신이 느끼는 감정 때문에 올바른 일을 하는 것이 아니다. 그 결정은 이성에, 당신이 어떤 감정을 느끼게 되었든 관계없이 당신의 의무가 무엇인지를 알려주는 바로 그 이성에 근거해야 한다.

어휘

bleed 피를 흘리다 | sympathy 동정심
irrelevant 무관한 | morality 도덕성
character 성품 | reason 이성
duty 의무 | regardless of ~와 관계없이

UNIT 11 비평 / 대조

본서 p. 160

01	①	02	①	03	③	04	①	05	②

01 ①

해설 3번째 문장의 however 앞에서는 바닷물고기를 집안 수조에서 기르는 것의 장점을 이야기하지만, 그 뒤에서는 바닷물고기를 기르기 어려운 이유로 수질과 수온을 안정적으로 유지하기 어렵다는 점을 언급한다. 이때 빈칸은 수질 및 수온 변화에 바닷물고기가 어떠한 특성을 보이는지에 관한 것으로, 그 변화를 잘 못 견딘다는 맥락이 자연스럽다. 따라서 빈칸에 들어갈 말로 가장 적절한 것은 ① '내성'이다.

② 차별
③ 효과
④ 영향

해석 바닷물고기를 가정의 수조에서 기를 만한 좋은 이유가 있다. 바닷물고기는 다양하며 아름다운 색깔인 경우가 많고, 그들의 생활상과 행동은 끝없이 흥미롭다. 그러나 바닷물고기는 수족관에서 해수의 질과 온도를 안정적으로 유지하는 것이 어렵기 때문에 숙련된 민물고기 사육사에게도 도전적인 일로 여겨진다. 민물고기와 달리, 많은 바닷물고기는 물의 질과 온도의 변화에 내성이 거의 없다. 그러므로 바닷물고기를 집안 수조에서 기르는 것은 더 많은 관찰과 세세한 것에 대한 주의가 필요하다.

어휘

marine fish 바닷물고기
aquarium 수족관
diverse 다양한
biology 생활 현상
fascinating 흥미로운
freshwater 민물의
aquarist 수족관 관리사
stable 안정된
species 종
variation 변화

02 ①

해설 ①의 앞에서는 치아를 하얗게 보이기 위해 치아 미백을 많이 한다는 내용이 나오고 ① 뒤에는 그에 따른 부작용을 설명하고 있다. 주어진 문장은 However가 이끌면서 치아 미백과 관련된 위험들을 말하고 있으므로 주어진 문장이 들어갈 위치로 가장 적절한 것은 ①이다.

해석 대부분의 사람들은 그들의 얼굴에서 치아가 하얗게 빛나고 아름다운 미소를 지니기를 원한다. 새로운 미모에 대한 이러한 요구는 치아 미백에 대한 높은 인기로 이어졌다. 그러나 치아 미백과 관련된 위험 요소들이 있다. 가장 보편적인 두 가지 부작용은 치아 민감도 및 잇몸 염증의 일시적인 증가이다. 치아 내부의 민감성 문제는 보통 치아 미백 과정의 첫 단계에서 일어난다. 잇몸 염증은 마우스피스 트레이를 맞추는 동안 종종 일어난다. 치아 미백과 관련된 일부 다른 위험들로는 과다 복용 혹은 남용, 중독, 그리고 비위생적이거나 부적절한 기구의 사용이 있다.

어휘

associated with ~와 관련된
whitening 미백
sparkling 빛나는
side effect 부작용
temporary 일시적인
sensitivity 민감성
irritation 염증
gum 잇몸
mouthpiece 마우스피스
overdose 과다 복용
overuse 남용
addiction 중독
unhygienic 비위생적인
improper 부적절한

03 ③

해설 주어진 문장은 수면 시간의 변화, 병, 손님의 존재가 아이의 수면에 방해가 될 수 있다는 내용이므로 잠을 잘 못 자는 아이에 관한 것임을 알 수 있다. 따라서 이는 On the other hand로 시작해 잠을 못 자는 아이들에 대해 설명하는 문장보다 뒤에 위치해야 한다. 그런데 However 뒷부분은 잠을 못 자는 아이들도 수면 패턴이 유지되면 잠을 잘 잔다는 내용이므로 주어진 문장은 However 앞에 위치하여 잠을 잘 못 자는 아이들에 대한 특성을 부연 설명해야 한다. 따라서 주어진 문장이 들어갈 위치로 가장 적절한 것은 ③이다.

해석 몇몇 아이들은 태어날 때부터 아주 잠이 많다. 초기 몇 주에는 수유를 위해 그들을 깨워야 할지 모른다. 성장해 감에 따라 그들은 계속해서 잠을 많이 잘 뿐만 아니라 누가 깨워도 잘 일어나지 않을 정도가 된다. 그들은 밤에 밝든 어둡든, 조용하든 시끄럽든, 평온하든 혼란스럽든 다양한 상황에도 곤히 잘 잔다. 그들은 가끔 그들의 수면 일정이 틀어져도 견딜 수 있고 심지어 감정적으로 스트레스를 받는 와중에도 잠을 잘 잔다. 반면, 다른 아이들은 선천적으로 더 잠에 들지 못하는 것처럼 보인다. 이런 아이들은 그들의 수면 패턴이 방해받을 때 좀 더 민감한 반응을 보인다. 수면 시간의 변화, 질병, 심지어 집을 방문한 손님들의 존재가 수면 패턴을 더 나쁘게 만들 수 있다. 하지만, 이러한 아이들이 언제나 '잠을 자지 못하는 사람'으로 여겨지더라도 그들의 (수면) 습관이 존중되면, 그들 또한 상당히 만족스러운 수면을 취할 수 있을 것이다. 어떤 경우든, 두 유형의 아이들이 정신적, 육체적 건강을 보장하는 적절한 양의 수면을 취하기 위해서는 규칙적인 (수면) 습관이 유지되어야 한다.

어휘

soundly 곤히
chaotic 혼란스러운
tolerate 견디다
occasional 가끔의
disruption 방해
inherently 선천적으로
restless 잠들지 못하는
susceptible to ~에 민감한
consistent 일관된
adequate 적절한
ensure 보장하다

04 ①

해설 주어진 문장에서 이것들(these)이 포장 쿠키 시장 내 성공의 유일한 또는 중요한 이유가 아닐지도 모른다고 하였으므로 앞 문장에는 쿠키가 잘 팔릴 만한 어떤 이유들이 언급되어 있어야 하고, 뒤에는 앞서 언급되지 않은 새로운 이유가 서술되어야 한다. ① 앞에 쿠키가 소비되는 흔한 이유들이 나열되어 있고, 뒤에서는 쿠키 제조 회사들이 시장에 내놓고 있는 새 상품의 전략(some other influences)이 제시되고 있다. 따라서 주어진 문장이 들어갈 위치로 가장 적절한 것은 ①이다.

해석 왜 쿠키를 먹는가? 몇몇 이유로는 당신의 배고픔을 만족시키기 위해서, 당신의 혈당을 높이기 위해서, 또는 단지 무언가를 씹기 위해서가 있을 것이다. 그러나 최근 포장 쿠키 시장에서의 성공은 이것들이 유일한 또는 아마도 심지어 가장 중요한 이유도 아닐지도 모른다는 것을 시사한다. 쿠키 제조회사들은 몇몇 다른 영향들을 인식하게 되었으며, 그 결과 그 인식에서 비롯된 상품들을 시장에 내놓고 있는 것처럼 보인다. 이 상대적으로 새로운 상품 제공물은 보통 더 전형적인 바삭거리는 종류로부터 구별되기 위해 '부드러운' 또는 '쫄깃한' 쿠키라고 불린다. 왜 그것들의 도입에 호들갑인가? 분명히 그 매력의 많은 부분은 계단 뒤에 앉아 오븐에서 바로 엄마가 가져다준, 입에서 살살 녹는 쿠키를 그것이 아직 부드러울 때 게걸스럽게 먹던 어린 시절의 기억과 관계가 있다.

어휘

awareness 인식
relatively 상대적으로
offering 제공물
refer to A as B A를 B라고 부르다
distinguish A from B A와 B를 구별하다

typical 전형적인
fuss 호들갑
devour 게걸스럽게 먹다
crunchy 바삭바삭한
appeal 매력

05 ②

해설 주어진 문장은 어머니가 항상 같이 있어서 자신들을 도울 수 있었던 것에 대해서 고마워하는 내용이므로 전업주부인 어머니를 두었던 조사 대상에 관한 부분에 해당한다. 따라서 On the other hand를 통해 내용이 전환되기 이전에 들어가야 하는데, ②의 뒤 문장에 also가 나오기 위해서는 그 전에 전업주부인 어머니를 둔 조사 대상에 관한 설명이 제시되어야 하므로 주어진 문장이 들어갈 위치로 가장 적절한 것은 ②이다.

해석 나의 연구는 어머니가 일을 하는 것과 그녀의 딸이 자신의 아이를 가졌을 때 일을 하고 싶어 하는 것에는 밀접한 상관관계가 있다는 것을 지적한다. 내가 만나보았던 집에 있는 어머니(전업주부)의 4분의 3이 집 밖에서 전혀 일을 해보지 않았던 어머니 아래서 자랐다. 그들은 어머니의 변함없는 존재와 항상 도움을 받을 수 있음에 대해 고맙게 생각했다. 그들은 또한 직업을 갖는 것이 필수가 아닌 선택 사항이라고 생각했다. 반면, 나는 (밖에서) 일했던 어머니를 둔 여성들을 만나보았는데 그들은 모두 아이를 가졌을 때 그들 역시 일을 할 것이라는 사실을 알고 있었다. 이들 여성들은 대부분 이러한 결정을 내리는 데 거의 주저하지 않았다. 그들은 직업을 갖는 것이 당연하다고 생각했다.

어휘
appreciate 고맙게 생각하다
overwhelming 굉장한
hesitation 주저함
availability 도움을 받을 수 있음
correlation 상관관계

UNIT 12
예시 / 나열

본서 p. 167

01	②	02	③	03	③	04	③	05	④
06	②								

01 ②

해설 빈칸에는 가난한 나라가 부유한 나라를 빠르게 따라잡을 수 있는 이유가 들어가야 한다. For instance 이후에 이러한 예시가 나열되어 있는데, 도로와 교육의 발전이 부유한 나라보다는 가난한 나라에서 더 큰 효과를 가져온다고 하였으므로 빈칸에 들어갈 말로 가장 적절한 것은 ② '새로운 투자가 훨씬 더 큰 성과를 내기'이다.
① 대중교통 체계가 잘 되어 있기
③ 사람들이 빈곤의 굴레를 끊기 위해 열심히 일하기
④ 임금이 부유한 국가들에 비해 상대적으로 낮기

해석 전통적인 이론에 따르면, 가난한 나라일수록 새로운 투자가 훨씬 더 큰 성과를 내기 때문에 빠르게 따라잡을 수 있다. 예를 들어, 가난한 나라에서는 도로를 몇 군데 놓으면 완전히 새로운 거래 지역이 생길 수 있다. 부유한 나라에서는 도로를 몇 군데 더 놓는다 하더라도 교통 혼잡을 조금 해소해 줄 수 있을 뿐이다. 가난한 나라에서는 교육을 조금만 더 해도 대단한 변화를 가져온다. 부유한 나라에서는 학위 소지자들도 일자리를 찾지 못할 때가 많다. 그리고 물론, 부유한 나라가 기술을 개발하는 것보다 (가난한 나라가) 그 기술을 모방하는 것이 더 쉽다. 세계의 몇몇 개발도상국을 보면 따라잡기 이론이 그럴듯해 보인다.

어휘
catch up 따라잡다
congestion 혼잡
reasonable 합당한
relieve 해소하다
degree 학위

02 ③

해설 For instance 뒤에 나온 예시들을 잘 살펴봐야 한다. 교통 체증이 탁 트인 도로보다 기억 속에 더 오래 남는 것과 무례한 점원이 친절한 점원보다 더 오래 기억되는 것은 결국 우리가 일반적으로 나쁜 일을 더 오랫동안 기억하는 경향이 있음을 나타내는 예시이다. 또한 마지막 문장에서 '좋은 일은 나쁜 일만큼이나 많이 존재하지만, 우리는 종종 그것을 놓치는 경향이 있다'라고 했으므로, 빈칸에 들어갈 말로 가장 적절한 것은 ③ '나쁜 일이 종종 우리의 생각에서 더 큰 부분을 차지한다'이다.
① 탁 트인 도로가 항상 좋은 것은 아니다
② 우리는 쉬운 길을 택하려는 경향이 있다
④ 좋은 일이 우리의 삶에서 긍정적인 역할을 한다

해석 좋은 일과 나쁜 일 중 어떤 것이 더 중요한가? 당신이 어떤 것을 올바른 답이라고 생각하는지와 관계없이, 나쁜 일이 종종 우리의 생각에서 더 큰 부분을 차지한다. 예를 들어, 우리의 하루를 수렁에 빠지게 하는 교통 체증은 우리를 빠르게 가도록 해 준 탁 트인 도로보다 우리의 생각 속에 더 오래 남는다. 친절한 점원이 기억에서 사라진 후로도 무례한 점원은 오랫동안 기억에 남는다. 좋은 일을 보고 좋은 일에 대해 생각하고 좋은 일을 기억하라고 스스로 일깨우라. 좋은 일은 나쁜 일만큼이나 많이 존재하지만, 우리는 종종 그것을 놓치기 쉽다.

어휘
regardless of ~와 관계없이
speed ~을 빠르게 가게 하다
be prone to ~하기 쉽다
bog down 수렁에 빠뜨리다
memorable 잊히지 않는

03 ③

해설 튼튼한 경제의 특징에 관한 글이다. 미국의 건설 호황기에 백인 남성의 전유물이었던 일자리가 여성, 흑인, 히스패닉, 즉 사회적 약자들에게도 장려되었다는 예시를 통해 알 수 있듯, 일자리가 풍부한 튼튼한 경제 사회는 곧 '유동적' 사회라는, 즉 기회 제공의 범위가 유연하게 넓어질 수 있는 곳이라는 내용이다. 따라서 빈칸에 들어갈 말로 가장 적절한 것은 ③ '사회적 장벽을 무너뜨리는 데 도움이 된다'이다.

① 고용 과정을 단순화한다
② 임금 차별을 심화시킨다
④ 기업의 생산성을 향상한다

해석 기회가 풍부하고 일자리를 원하는 사람이 없는 튼튼한 경제는 사회적 장벽을 무너뜨리는 데 도움이 된다는 것을 이해하기는 어렵지 않다. 편견을 가진 고용주들은 어떤 한 집단이나 혹은 다른 집단의 구성원을 고용하기를 여전히 싫어할 수도 있지만, 그 외에 아무도 구할 수 없을 때는, 차별은 대개 일을 수행해야만 한다는 기본적인 필요성에 자리를 내준다. 그것은 같이 일하고 싶은 사람과 같이 일하기 싫은 사람에 대한 편견을 가진 피고용자들에게 있어서도 마찬가지이다. 예를 들어, 1990년대 후반 미국의 건설 호황기에 '사람들의 부러움을 사는 노조 조합원 카드를 아버지에게서 아들에게로 물려주던 세계이자 백인 남성들의 전통적인 요새'로 오랫동안 알려져 온 목수 노조조차도 여성과 흑인 그리고 히스패닉에게 그들의 인턴 프로그램에 참가하라고 공개적으로 장려하기 시작했다. 최소한 업무 현장에서는 일자리가 사람을 쫓아다니는 것이 사람이 일자리를 쫓아다니는 것보다 유동적 사회를 촉진하는 데 분명히 더 많은 기여를 한다.

어휘
plentiful 풍부한
go begging 원하는 사람이 없다, 구걸하고 다니다
biased 편향된
discrimination 차별
give way to 자리를 내주다
bastion 요새
coveted 부러움을 사는
hand down ~을 물려주다
obviously 명백히
fluid 유동적인

04 ③

해설 주어진 글에서 박쥐가 밤에 날아다니는 곤충을 잡아먹으며, 자연에서 곤충의 균형을 잡는 중요한 역할을 한다고 했다. 따라서 주어진 글 다음에 박쥐가 곤충을 잡아먹는 내용이 이어져야 하는데 이를 언급한 (A)와 (C) 중 보다 일반적인 내용의 (C)가 바로 이어지는 것이 적절하다. 그리고 different bat species가 언급된 (C)에 이어 덩치가 큰 박쥐와 작은 박쥐를 분류하여 예시를 드는 (A)가 이어지는 것이 자연스럽다. 그다음으로 연결사 In addition으로 시작하여 박쥐가 곤충을 잡아먹는 것뿐만 아니라 가루받이 역할을 한다는 내용을 추가 설명한 (B)가 이어지는 것이 흐름상 자연스럽다. 따라서 글의 순서로 가장 적절한 것은 ③ '(C) - (A) - (B)'이다.

해석 박쥐는 밤에 날아다니는 곤충을 잡아먹는 주된 포식자로 자연에서 곤충의 균형을 유지하는 데 중요한 역할을 한다. (C) 박쥐 한 마리는 자신의 몸무게의 1/3을 먹으며, 한 시간에 600마리의 모기를 잡을 수 있다. 그리고 다양한 박쥐 종들은 다양한 높이에서 사냥하며, 다양한 종류의 곤충들을 먹이로 잡아먹는다. (A) 덩치가 큰 박쥐는 농업과 임업에 해로운 여러 나방과 벌레들을 잡아먹는다. 크기가 작은 박쥐들은 모기와 날개가 둘 달린 다른 곤충들, 즉 말라리아 같은 질병들의 매개체들을 잡아먹는다. (B) 게다가 과일이나 꽃을 먹는 박쥐는 씨앗을 퍼뜨리고 500종 이상의 열대 나무들과 관목들의 꽃에 가루받이해 준다. 박쥐가 없다면, 바나나와 파인애플 같은 열대 과일들의 수확은 60%나 감소할 것이다.

어휘
primary 주된
predator 포식자
vital 중요한
moth 나방
harmful 해로운
forestry 임업
carrier 매개체
disperse 퍼뜨리다
pollinate 수분하다
shrub 관목

05 ④

해설 이 글은 만리장성 건설과 로마 제국의 몰락이라는 두 가지 역사적 사건을 사례로 들어 '두 가지 사실과 그 사실들 간의 인과관계'에 대해 설명하고 있다. 서로 무관해 보이는 만리장성의 건설과 로마 제국의 몰락은 좀 더 조사해 보면 서로 깊게 관련되어 있음을 알 수 있다. 그러므로 빈칸에 들어갈 말로 가장 적절한 것은 ④ '겉보기에는 관련이 없는 것처럼 보이는 사실들도 실제로는 보이는 것보다 더 관련이 있을 수 있다'이다.

① 로마 제국의 몰락은 세계사에 영향을 미쳤다
② 두 가지 사실 간의 관계는 쉽게 확인할 수 있다
③ 역사가들은 우연한 사실들과 필연적인 결과들을 구별해야 한다

해석 어떤 특정한 사실이 다른 특정한 사실의 원인이라고 주장할 때, 그 두 가지 사실 사이에는 실질적인 인과관계가 존재해야 한다. 그러나 그 관련성을 보기가 항상 쉬운 것은 아니다. 예를 들어, 만약 어떤 역사가가 로마 제국 몰락의 원인을 조사하고 있다면, 그는 중국의 만리장성이 건설된 날짜를 알아야 할까? 이것은 관련이 있는 사실인가? 좀 더 조사해 보면, 그렇다는 것을 알게 된다. 만리장성의 건설과 로마 제국의 몰락 사이에는 정말로 인과관계가 있어 보인다. 중국인들은 그들의 국경을 보호하기 위해 만리장성을 건설했다. 그것이 건설된 후에, 훈족은 중국에 진출할 수 없었다. 동쪽으로 이동할 수 없게 되자, 그들은 서쪽으로 방향을 틀었고 마침내 로마 지역에 도달했다. 거기서 그들은 로마 제국이 몰락하는 데 커다란 원인을 제공했다. 이것은 겉보기에는 관련이 없는 것처럼 보이는 사실들도 실제로는 보이는 것보다 더 관련이 있을 수 있다는 점을 보여준다.

어휘
relevance 관련성
decline 몰락
contribute 원인을 제공하다, 기여하다
distinguish 구별하다
casual 우연적인
inevitable 피할 수 없는, 필연적인

06 ②

해설 이 글은 코요테의 영역 확장과 그 요인을 설명하는 글이다. 주어진 글은 코요테가 지역 토종이라고 언급하는데, 이는 연결사 However로 시작하여 코요테가 영역을 확장해 왔다고 언급하는 (B)로 이어지는 것이 자연스럽다. 또 (C)에서 언급하는 코요테의 '성공'은 (B)에 언급된 코요테의 이동과 영역 확장을 의미하므로 (B) 뒤에는 (C)가 위치하는 것이 적절하다. 마지막으로 (C)에 언급된 코요테의 먹이에 이어 가축이라는 새로운 먹이를 언급하는 (A)가 위치하는 것이 자연스럽다. 따라서 글의 순서로 가장 적절한 것은 ② '(B) - (C) - (A)'이다.

해석 대부분의 사람들은 아마도 코요테를 미국 서부와 연관 지어 생각할 것이다. 실제로, 미끈하고 적응력 좋은 이 동물은 그 지역의 토종(동물)이다. (B) 하지만 과거 백 년에 걸쳐 그 종은 자기 영역을 크게 확장해 왔다. 그것은 꾸준히 동쪽으로 이동하여 사람들이 좀 더 밀집하여 사는 지역들로 옮겨 왔다. 오늘날 노래 선율 같은 코요테의 울음소리는 미국 전역과 캐나다, 중미의 일부 지역에서도 들을 수 있다. (C) 코요테는 어떻게 그렇게 성공했을까(성공적으로 퍼져 나갔을까)? 그들의 '잡식성 식습관'은 분명히 도움이 되었다. 그들은 곤충, 뱀, 개구리, 풀, 사과, 선인장 열매, 심지어 수박까지 포함하여 거의 모든 것을 먹는 것으로 알려져 있다. (A) 그러나 코요테는 가축 또한 잡아먹는다. 이런 이유로, 어

떤 사람들은 그 숫자를 줄이려고 하거나 심지어 완전히 없애 버리려고까지 한다. 미국 서부의 목장주들은 오랫동안 코요테에게 적대감을 느껴 왔는데, 그 이유는 매년 그 동물들이 양을 수십만 마리씩 죽이기 때문이다.

어휘

associate 연상하다, 연관 짓다 adaptable 적응할 수 있는
livestock 가축 eliminate 없애다, 제거하다
rancher 목장 주인 hostility 적대감
enlarge 확대[확장]하다 territory 지역, 영토
densely 빽빽이, 밀집하여 melodious 듣기 좋은, 음악 같은
howl (늑대 등의) 길게 짖는 소리 omnivorous 잡식성의

UNIT 13 원인-결과 / 실험 구조

본서 p. 178

01	①	02	②	03	②	04	②	05	①

01 ①

해설 이 글은 태양이 더 뜨거워지며 지구를 가열하여 그 결과 대양의 물이 증발해 대기권 밖으로 사라져 간다는 내용이다. 빈칸 앞부분에서 성층권으로 이동한 물이 산소와 수소로 분해된 후, 수소가 우주 공간으로 날아간다고 했다. 물의 구성 원소의 일부분인 수소가 사라지는 것이므로 빈칸에 들어갈 말로 가장 적절한 것은 ① '새어 없어지다'이다.
② 얼어버리다
③ 흘러넘치다
④ 축적되다

해석 중심핵이 수축하고 뜨거워지면서 태양이 서서히 더 밝아지고 있다. 10억 년 후에는 그것이 오늘날보다 약 10% 더 밝아져서, 불편할 정도로까지 지구를 가열하게 될 것이다. 대양으로부터 증발하는 물은 지구를 두꺼운 흰 구름 막에 영구적으로 둘러싸인, 습한 형태의 금성으로 바꾸는 통제 불능의 온실 효과를 유발할 수도 있다. 혹은 그 변화가 어느 정도 시간이 걸리고 더 완만해서 한동안은 미생물을 보호해 줄 수 있는 점점 더 무덥고 구름 낀 대기를 유지할 수도 있다. 어느 쪽이 되든지 간에, 물은 성층권 속으로 달아나 자외선에 의해 산소와 수소로 분해될 것이다. 산소는 성층권에 남아서, 어쩌면 외계인들이 지구에 여전히 생명체가 살고 있다고 착각하게 만들 수도 있지만, 수소는 아주 가벼워 우주 공간으로 달아나게 된다. 그래서 우리의 물은 점차 새어 없어질 것이다.

어휘

core 핵, 중심부 contract 수축하다
evaporate 증발하다 set off 유발하다
runaway 통제 불능의 damp 습한, 축축한
transformation 변형 shelter 보호하다
microbial 미생물의 stratosphere 성층권

02 ②

해설 'One study showed' 등의 표현을 통해 이 글이 실험 구조의 글임을 알 수 있다. For instance 이후에서 결혼 여부, 성별, 나이에 따라 꿈을 꾸는 빈도가 달라진다고 하였으므로, 빈칸에 들어갈 말로 가장 적절한 것은 ② '얼마나 많은 꿈을 꾸는지'이다.
① 왜 꿈을 꾸는지
③ 꿈이 무엇을 의미하는지
④ 어떤 꿈을 꾸는지

해석 꿈은 잠의 자연적인 일부분이고 모든 사람이 꿈을 기억하든 못하든 간에 꿈을 꾼다. 그러나 얼마나 많은 꿈을 꾸는지는 그들이 누구인지 그리고 그들이 몇 살인지에 달려 있다. 예를 들어서, 결혼은 꿈을 꾸는 데 영향을 미친다. 한 연구는 기혼의 여성보다도 미혼의 여성이 꿈을 더 많이 꾼다는 것을 보여주었다. 남성은 그들이 기혼이든지 미혼이든지 간에 여성보다 꿈을 적게 꾼다. 젊은 사람은 꿈을 꽤 많이 꾸는 경향이 있다. 반면에 은퇴할 나이에 이를 때면 사람들은 꿈을 훨씬 덜 꾼다.

어휘

marriage 결혼 retirement 은퇴

03 ②

해설 빈칸 앞뒤의 'This is why', 'which is why'로 미루어 보아 빈칸에 들어갈 내용은 앞 문장의 결과이자 뒤 문장의 원인이 된다. 빈칸 앞 문장에서 온도가 높을수록 맛이 더 강렬하다고 하였고, 뒤 문장에서 아이스크림 제조사들이 아이스크림에 많은 양의 설탕을 첨가한다고 하였으므로, 빈칸에 들어갈 말로 가장 적절한 것은 ② '냉장고에서 막 꺼낸 아이스크림이 그렇게 달콤한 맛이 나지 않는'이다.

① 차의 향이 첨가되었을 때 아이스크림이 더 맛있는
③ 뜨거운 차를 마시는 동안은 아이스크림을 먹는 것이 권장되지 않는
④ 아이스크림이 겨울에 특히 더 달콤한

해석 중국 음식에서는, 그것이 끓을 정도로 뜨거워야 한다고 생각하는데, 그것이 음식의 풍미에 결정적이기 때문이며, 이는 'wok hei'라는 어구에 구체적으로 표현되어 있는데, 이것은 뜨거운 중국 요리용 냄비에 의해 더해진, 결합한 맛의 '숨결' 또는 진수를 의미한다. 2005년에 Leuven 대학의 벨기에 연구진들은 온도와 맛 사이의 연결이 어떻게 작용하는지를 확인했다. 그들은 우리 혀의 미뢰에 있는 극히 작은 경로들을 확인했는데, 그것들은 다른 온도에서 다르게 반응하는 것처럼 보인다. 분명히, 온도가 더 높을수록, 풍미는 더 강렬하다. 이것이 냉장고에서 막 꺼낸 아이스크림이 그렇게 달콤한 맛이 나지 않는 이유이며, 당신이 아이스크림이 녹을 때 너무나 분명하게 알 수 있듯이 아이스크림 제조사들이 다량의 설탕을 첨가하는 이유이다. 비슷하게, 차와 같은, 어떤 쓴맛들은 그것이 뜨거울 때 더 강해지기 때문에 맛이 더 좋다.

어휘

crucial 결정적인
essence 진수, 정수
confirm 확인하다
taste bud 미뢰
embody 구체화하다
combination 결합
microscopic 미세한, 극히 작은
intense 강렬한

04 ②

해설 (B)의 his garden에서 '그'는 주어진 글의 a man이므로 (B)가 가장 처음에 오게 된다. 그다음 (A)의 them은 (B)의 끝부분에 나온 they(prickly pears)이며 (A)의 결과가 (C)에서 언급되므로, 글의 순서로 가장 적절한 것은 ② '(B) - (A) - (C)'이다.

해석 잡초 제거에 관한 놀랄 만큼 성공적이고 경제적인 예를 호주에서 찾아볼 수 있다. 1787년경 어떤 사람이 선인장의 일종인 prickly pear를 호주에 들여왔다. (B) prickly pear 중에서 일부가 그의 정원을 빠져나갔다. 이 새로운 지역에는 자연적인 통제 수단이 없었기 때문에 그것들이 엄청나게 퍼져나가 결국 약 6천만 에이커를 차지하게 되었다. (A) 그것들을 제거하고자, 호주의 과학자들이 prickly pear의 천적을 연구하기 위해 북미와 남미로 파견되었다. 몇 가지 종으로 실험을 한 끝에 아르헨티나 나방의 알 30억 개를 호주에 풀어 놓았다. (C) 7년 후에 prickly pear의 밀집 군락이 파괴되었으며, 전에는 거주할 수 없었던 지역이 다시 거주지와 목초지로 이용할 수 있게 되었다. 그 모든 과정은 에이커당 1페니도 채 들지 않았다.

어휘

extraordinary 놀랄 만한
weed 잡초
cactus 선인장
territory 영역, 지역
eventually 마침내
uninhabitable 거주할 수 없는
operation 과정
economical 경제적인
prickly 가시로 뒤덮인
eliminate 제거하다
immensely 막대하게
dense 빽빽한
grazing 방목지, 목초지

05 ①

해설 아이들이 세부 사항을 그릴 공간을 남기기 위해 얼굴을 크게 그린다는 글의 내용을 통하여, 아이들은 그림을 그릴 때 향후 그릴 내용에 대하여 미리 생각하고 계획하고 있음을 유추할 수 있다. 따라서 빈칸에 들어갈 말로 가장 적절한 것은 ① '일종의 미리 계획하는 모습'이다.

② 형편없는 그림 실력의 증거
③ 크기에 대한 형편없는 감각의 표시
④ 성장을 바라는 그들의 희망 표현

해석 사람 형상을 그릴 때 아이들은 종종 머리를 신체의 나머지 부분과 비교해서 지나치게 크게 그린다. 최근 한 연구는 아이들의 그림에서 보이는 이러한 일반적인 불균형에 대한 어떤 통찰력을 보여준다. 그 연구의 일부로 연구자들은 네 살에서 일곱 살 사이의 아이들에게 어른들을 몇 장 그릴 것을 요구했다. 아이들이 어른들의 정면을 그릴 때는 머리의 크기가 눈에 띄게 커졌다. 하지만 아이들이 어른들의 뒷모습을 그릴 때는 머리의 크기가 거의 그렇게 과장되지는 않았다. 연구자들은 아이들이 얼굴의 세부 사항들을 위한 공간을 남겨야만 한다는 사실을 알 때 머리를 더 크게 그린다고 말한다. 그들은 아이들 그림의 왜곡된 머리 크기는 일종의 미리 계획하는 모습이라고 말한다.

어휘

insight 통찰
frontal 정면의
enlarge 확대하다
exaggerate 과장하다
indication 표시
disproportion 불균형
markedly 현저하게
rear 뒤쪽의
distorted 왜곡된
scale 규모, 범위

UNIT 14 필자의 강조 / 지시 형용사

본서 p. 186

01	④	02	①	03	③	04	①	05	④
06	④								

01 ④

해설 세상을 경쟁의 장으로 보기 쉽지만 사실은 한 사람이 이길 때 모든 사람이 이긴다는 내용을, 수영 선수와 유전학자의 성공을 예로 들어 설명하는 글이다. 마지막 문장에서도 인생은 다수의 승리자가 있는 경기라고 강조하고 있으므로, 글의 요지로 가장 적절한 것은 ④ '한 사람의 승리가 결국 모두의 승리로 이어진다.'이다.

① 경쟁심이 기록을 깨는 원동력이다.
② 성공하는 사람은 뚜렷한 성취동기를 가지고 있다.
③ 한정된 자원을 가진 세상에서 경쟁은 불가피하다.

해석 당신은 세상을 모든 사람이 다른 모든 사람과 경쟁하는 하나의 큰 경기로 여긴다. 당신은 저 바깥에는 정해진 양의 행운과 불운이 있다고 생각한다. 당신은 모든 사람이 모든 것을 가질 수 있는 방법은 없다고 믿는다. 다른 사람들이 실패할 때, 당신은 당신이 성공할 확률이 높아진다고 생각한다. 그러나 저 밖에는 한정된 공급량의 자원이 있는 것이 아니다. 한 사람이 이길 때, 모든 사람이 이긴다. 한 사람이 만드는 모든 승리는 모두에게 획기적인 약진이다. 한 명의 올림픽 수영 선수가 세계 신기록을 세울 때마다, 그것은 다른 사람들 안에 있는 최고의 것을 불러내어 인간의 성과의 새로운 기록을 세우기 위해서 그 성취를 뛰어넘도록 고취한다. 한 유전학자가 DNA 분자의 새로운 비밀을 알아낼 때마다, 그것은 우리 지식의 기반에 더해져서 우리로 하여금 인간의 상황을 더 좋게 만들 수 있게 한다. 인생은 다수의 승리자가 있는 경기임을 명심하라.

어휘

compete 경쟁하다	breakthrough 약진
inspire 고취하다	geneticist 유전학자
unlock (비밀 등을) 알아내다	molecule 분자
better 개선시키다	driving force 원동력

02 ①

해설 달걀과 초콜릿의 예를 통해 몸에 나쁜 것으로 알려진 음식일지라도 체질에만 맞는다면 적당량을 섭취해도 좋다고 말하고 있다. 따라서 필자의 주장으로 가장 적절한 것은 ① '자신의 체질에 맞는 음식은 즐겨라.'이다.

해석 환자들은 종종 나에게 "왜 내가 즐기는 모든 것은 나에게 나쁘지요?"하고 묻는다. 글쎄, 비록 그것이 종종 그렇게 보이지만 반드시 사실은 아니다. 예를 들어 당신의 몸이 추가의 칼로리를 견딜 수 있는 한 당신은 좋아하는 초콜릿을 모두 먹어도 된다. 당신은 달걀을 좋아하는가? 만약 당신의 콜레스테롤 수치가 정상이라면 일주일에 세 개, 네 개, 또는 심지어 다섯 개의 달걀을 먹어도 좋다. 사람들은 식사에 있는 콜레스테롤에 다르게 반응한다. 어떤 경우에는 그것이 혈중 (콜레스테롤) 수치를 높이지만 반면에 다른 경우에는 그것은 그렇지 않다. 그래서 당신이 달걀과 초콜릿을 좋아한다면 조금은 먹어라. 단지 지나치게는 먹지 마라.

어휘

patient 환자	necessarily 반드시
stand 견디다	cholesterol 콜레스테롤
go overboard 정도가 지나치다	

03 ③

해설 주어진 문장의 such evidence가 ③ 앞 문장의 1974년 캐나다 연방 선거 결과를 가리키며 ③ 뒤에 유권자들이 자신의 편견을 깨닫지 못했다는 예시가 이어지므로 주어진 문장이 들어갈 위치로 가장 적절한 것은 ③이다.

해석 한 연구에서 우리는 재능, 다정함, 정직, 그리고 지성과 같은 좋은 특성들을 잘생긴 사람들에게 무의식적으로 부여한다는 것이 밝혀졌다. 더군다나, 우리는 신체적인 매력이 그러한 과정에 원인으로 작용했다는 인식 없이 이러한 판단을 한다. "잘생긴 것이 좋은 것이다."라는 이러한 무의식적인 가정으로 인한 어떤 결과들은 나를 두렵게 한다. 예를 들어, 1974년 캐나다 연방 선거에 대한 한 연구에서는 매력적인 후보자들이 매력적이지 않은 후보자들보다 2.5배 이상을 득표했다는 것을 밝혀냈다. 잘생긴 정치인들을 향해 치우친 애정에 대한 그와 같은 증거에도 불구하고, 후속 연구는 유권자들이 자신들의 편견을 깨닫지 못했다는 것을 보여 주었다. 사실, 조사에 참여한 캐나다 유권자들 중 73%가 자신들의 투표가 신체적인 외모에 영향을 받았다는 것을 가능한 한 가장 강력한 어조로 부인했으며, 14%만이 그러한 영향의 가능성을 인정할 정도였다. 유권자들은 (신체적인) 매력이 선출될 가능성에 미치는 영향력을 자신들이 원하는 만큼 마음껏 부인할 수는 있겠지만, 증거가 그것의 성가신 존재를 계속해서 확인시켜 왔다.

어휘

favoritism 편애	follow-up 후속의
bias 편견	assign 부여하다
favorable 좋은	trait 특성
consequence 결과	unconscious 무의식적인
assumption 가정	federal 연방의
candidate 후보자	terms 표현, 말하는 방식
appearance 외모	electability 당선 가능성

04 ①

해설 첫 문장에서 TV 메시지를 처리하는 것은 눈으로 정보를 처리하는 직선 방식보다는 귀로 듣고 한꺼번에 처리하는 방식에 더 가깝다고 말하며, 이어지는 실험 결과를 통해 TV가 청각적 매체라는 주장을 뒷받침하고 있다. 따라서 글의 제목으로 가장 적절한 것은 ① 'TV 메시지: 보다 시각적인가, 보다 청각적인가?'이다.

② 선호하는 TV 프로그램에 대한 조사들
③ 청각 장애인을 위한 효과적인 도구로서의 TV
④ 더 곤혹스러운 상황: 볼 수 없는 상황

해석 TV 메시지를 처리하는 것은 인쇄된 면을 읽는 눈의 단선적인 처리 과정보다는 귀의 일괄 처리 과정과 훨씬 더 흡사하다. McLuhan에 따르면, 텔레비전은 기본적으로 청각적 매체이다. 이 점을 명확히 하기 위하여, 그는 사람들이 단순한 실험을 해 보도록 초대했다. 우선, 당신이 가장 좋아하는 프로그램 방영 중에 1분 동안 TV 소리를 줄여라. 이제 또 다른 1분 동안, 당신은 소리는 들을 수 있지만 화면은 전혀 볼 수 없도록 TV를 조정해라. 어떤 상태가 더 좌절감을 일으키는가? 어떤 상태가 당신에게 더 적은 정보를 주는가? McLuhan은 이 작은 실험을 해 본 사람들이 화면은 볼 수 있지만 소리는 들을 수 없는 상태에서 항상 더 많은 좌절감을 보고할 것이라고 확신했다.

어휘

all-at-once 동시에	processing 처리 과정
linear 직선의, 1차의	fundamentally 근본적으로
acoustic 청각의	medium 매체
turn down 낮추다, 줄이다	invariably 변함없이, 항상
inaudible 들을 수 없는	

05 ④

해설 주어진 문장에서 this trade라는 지시어가 쓰였으므로, 앞 문장에는 반드시 '교역(trade)'에 관한 내용이 있어야 한다. 또한 주어진 문장에서 식물의 다양성이 퍼진다는 결론이 있으므로 앞 문장에 이에 대한 원인이 제시되어야 논리적으로 알맞다. 이 조건들로 비추어 볼 때, ①~③은 모두 앞 문장에서 식물의 저장에 대해서만 이야기하고 있으므로 주어진 문장이 들어갈 수 없다. ④의 경우, 앞 문장에서 농부들이 남은 저장물을 이웃끼리, 혹은 지역 시장에서 교역한다는 내용이 있고, 또한 이 내용이 식물의 다양성을 퍼뜨린다는 원인으로도 적합하다. 따라서 주어진 문장이 들어갈 위치로 가장 적절한 것은 ④이다.

해석 수천 년 동안 수확 시기에 농부들은 다음 파종을 위해서 보관해야 하는 씨앗들, 줄기들, 덩이줄기들을 우수한 식물들로부터 선별해 왔다. 농부들은 종종 진흙 항아리들에 저장된 씨앗들을 봉하거나 재로 뒤덮인 바구니들 안에 그것들을 묻어서 보관함으로써 그것들을 벌레들이나 동물들로부터 보호하였다. 그들은 또한 종종 서늘한 곳들에 덩이줄기들을 보관하고 즉시 줄기들을 옮겨 심거나 다음 파종 시기까지 그것들을 건조해 두었다. 농부들은 따라서 그들의 유전적인 저장물들을 계절마다 보존하였다. 그들은 남은 저장물들을 이웃들과 교환하거나 지역 시장에서 그것들을 교환할 수 있었다. 이러한 교역 덕분에, 식물의 다양성은 한 지역 안에서 널리 퍼졌다. 그러나 체계적인 종자 생산은 1900년대 초에서야 비로소 시작하였다.

어휘

harvest 수확, 추수
select 선별하다, 선택하다
cutting 줄기, 가지
tuber 덩이줄기
seal 봉하다, 봉인하다
ash 재
replant 옮겨 심다
organized 체계적인, 조직화된
production 생산

06 ④

해설 이 글은 에페수스가 왜 유령도시가 되었는지에 대하여 설명하고 있다. 습지가 모기의 번식지를 제공하고 그 모기들이 말라리아를 옮겼다는 내용의 주어진 문장은, 습지가 만들어졌다는 문장과 그 병으로 많은 사람들이 죽었다는 문장 사이에 와야 하므로, 주어진 문장이 들어갈 위치로 가장 적절한 것은 ④이다.

해석 동지중해에서 한때 에페수스는 로마제국의 가장 중요한 항구 도시였다. 그러나 로마의 점령기 600년 동안 에페수스는 유령도시가 되었다. 로마인들은 자연의 균형을 망쳐 놓았고, 이는 도시의 몰락을 야기했다. 로마인들은 도시 주변의 거대한 숲이 더 많은 곡물을 위해 자리를 내어주도록 없앴고, 결국 이것은 에페수스라는 도시를 바다로부터 영원히 단절시켰다. 숲에 의해 차단되지 못한 비로 인해 물이 비옥한 표토를 쓸어가 버렸고, 그것은 해안가 근처로 흙을 쌓았다. 이런 퇴적물이 점점 쌓여가면서, 도시는 바다로부터 단절되었고, 이것은 항구 도시에 재앙이었다. 한때 바닷물이 자유롭게 들어왔던 그곳은 현재 거대한 습지가 되었다. 게다가 습지는 모기에게 완벽한 번식지를 제공했고, 모기는 치명적인 병인 말라리아를 옮겼다. 많은 에페수스 사람들이 그 병으로 죽자, 로마 제국은 그 땅을 보유할 수 없었기에 모든 위대한 신전과 기념물들을 뒤로한 채 그 도시를 떠났다.

어휘

swamp 습지
breeding ground 번식지
mosquito 모기
deadly 치명적인
malaria 말라리아
the Mediterranean 지중해
seaport 항구 도시
occupation 점령
downfall 몰락
make way for ~에게 자리를 내주다
cut off 단절시키다
fertile 비옥한
topsoil 표토
sediment 침전물
abandon 떠나다
temple 사원
monument 기념물

심슨 독해

shimson reading

정답/해설

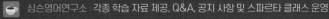